JN297287

心づくりによる

間接部門の
新5S活動の進め方

きれいで，たのしい，事務所づくり

長谷川 祐三 著

SHITSUKE
SEIRI
SEITON
SEISOU
SEIKETSU

日本規格協会

推薦の言葉

　私は，45年以上もの間，「人間の心を取り出してきれいにすることはできない．しかし，目の前のもの，しかも人が嫌がるものの掃除をし，きれいにすることで，心もきれいになる．」ということを信じ，掃除をしてきました．

　近年我が国では，自分さえよければ何をしてもよいという利己主義が蔓延し，マナー，モラルが失われ，社会の秩序が乱れてきています．企業においても利益優先主義で，結果よければすべて良しという風潮があり，社員自ら掃除をすることも少なくなり，「自律する心」，「気づきの心」も失われてきています．

　本書で唱えている新5Sは，まず「人の心を変える」ことから始めようと，「感謝する心」，「他人を喜ばす心」，「思いやりの心」を日頃の掃除，特にトイレ掃除を凡事徹底でつくりこんでいこうという仕方です．

　これは，これまで提唱してきた私の考え方にも通じています．

　ここに本書を製造業，非製造業のムダ取りのみならず，学校を含む自治体のきれいなオフィスづくりに役立つ「心づくり」の教科書として，お薦めいたします．

2008年3月

　　　　　　　　　株式会社イエローハット　取締役相談役
　　　　　　　　　日本を美しくする会　相談役
　　　　　　　　　　　　　鍵山　秀三郎

は　じ　め　に

　この新5Sは，製造業の「事務所」を中心に，サービス業など非製造業の「事務所」や，直接「利益向上（儲ける）」にかかわりのない自治体（学校も含めて）にも適用できるようになっています．

　従来新5Sは，製造業の基礎とされていますが，まだ手つかずの間接部門はムダが多く「宝の山」ではないでしょうか．利益を上げる（儲ける）ためには，直接部門と同様に間接部門のムダ取りは不可欠です．非製造業でも関心が薄く，あまり実施されていないのが現実の姿です．また自治体などの事務所（オフィス）の乱雑さは，これは利益追求集団でないところが大きな原因の一つと思われます．きれいな事務所づくりに取りかかられてはいかがでしょうか．

　ところで，我が国では成果主義の現代，結果よければすべてよしという風潮が一部にはあります．成果を上げるため仕事に専念し，それ以外のことはすべて外部業者に任せている企業もあると聞きます．かつては「企業は人をつくる」と言われていましたが，企業の利益優先によって従業員は，日常行動の中でマナー（行儀作法），モラル（道徳，倫理）について自律できない人も増えてきています．過去のなごやかな職場の雰囲気も失われつつあるようです．

　仕事以外のことは何もしなくてよい．事務所の環境のことなど他人任せでやりっぱなし，使いっぱなし，汚しっぱなし，借りっぱなしで，書類や「モノ」が散らかった雑然とした事務所で，平然と仕事をしている姿を多く見かけます．

　この情景は，大企業，中小企業，零細企業などの企業，サービス業，自治体で働く人たちに関係なく，多くの人が，事務所の環境など何も考えないで，ただ仕事だけしているあかしではないでしょうか．

　ご存じのように現在は昔と違い，事務所も様変わりしました．変化の一例として，文書の手書きがパソコンに変わり，書く作業が少なくなりました．しか

し，そこに人が介在することには変わりありません．人の心が変わらなければ事務所の環境も仕事の仕方も変わらないでしょう．

　コピー用紙の消費一つとっても，用紙の多様化により用紙の消費は増えるばかりで，整理・整頓をしなければ事務所は書類やそれらを綴じたファイルだらけになってしまいます．ペーパーレスなど夢のまた夢が現実です．

　いくらIT化が進んでも，ISO取得企業が増えても，コンプライアンス（法令順守），個人情報保護法，CSR（企業の社会的責任）が叫ばれても，それに携わる人の責務に対する自覚が変わらなければ何も変わらないでしょう．

　この数年多発している企業が引き起こしている不祥事は，苦心も苦労もせず汗もかいたことがない，人と人との連携の大事さ，つまり「感謝」，「気づき」，「思いやり」の心を軽視する，指導的立場の人の考えが，変わっていないからではないでしょうか．

　この新5Sは，心づくりの諸行動を凡事徹底（簡単なことを徹底に実行すること）でまず人の心を変えることから始めようという仕方です．製造業では事務所と現場を一緒にされては困るとか，安全とか，品質とか，5Sというものは現場でやればよいことで事務所には関係ないという考え方はもう現代では受け入れられないと思います．このような考え方は払拭されなければなりません．

　仕事以外の清掃などはすべて外部業者に任せるという企業のある一方で，仕事だけでなく従業員が掃除する，それも社内だけでなく地域の清掃やトイレ掃除までする企業も増えてきています．これらの奉仕活動は地域社会から感謝されるだけでなく，掃除をすることにより，従業員の心（心掛け）が養成されているのです．自律する心が育っているのです．

　間接部門で働く人の心づくり，ムダの少ない仕事をする，よい「サービス」をするための原点の考え方の一つである「気づき」の心について考え，自分自身の周囲を見まわしてください．残念ですが「気づき」の心がなければ見れども見えずで，従来どおりで何もしないので変化はありません．これをマンネリ化しているといいます．

新5Sでは，この「気づき」の心と同じように「感謝する心」，「他人を喜ばす心」，「思いやりの心」を行動の中から育てていくことにしています．これらの心づくりは製造業，非製造業，あるいは利益に関係ない自治体などの仕事に関係なく私たち人間個人を完成するのにも大切なことです．

　新5Sの躾で一人ひとりの心（心掛け）が変われば，後の整理・整頓・清掃・清潔の実行はそれほど難しいことではありません．事務所で新5Sを実施する参考になるよう多くの事例を紹介しています．ぜひ新5S活動の実践をお勧めします．

　各位のご努力とご成功を願う次第です．

2008年3月

長谷川　祐三

目　次

推薦の言葉

はじめに

第1章　新5Sの考え方と定義

1. 新5Sとは ……………………………………………………………… 14
   1.1　新5Sの目的 …………………………………………………… 14
   1.2　新5S発想の背景 ……………………………………………… 17
2. 心の新5S …………………………………………………………… 18
   2.1　人を育てる「育てば育つ」 …………………………………… 18
   2.2　ほめる六分，叱る（注意）四分 ……………………………… 19
   2.3　「叱る」コツはまず「ほめる」 ……………………………… 20
   2.4　「モノ」をつくりながら「心」をつくる …………………… 24
3. 新5Sの定義 ………………………………………………………… 24
   3.1　躾（しつけ） ………………………………………………… 26
   3.2　整　理 ………………………………………………………… 41
   3.3　整　頓 ………………………………………………………… 45
   3.4　清　掃 ………………………………………………………… 47
   3.5　清　潔 ………………………………………………………… 52

第2章　間接部門の新5S活動の必要性

1. 間接部門とは ……………………………………………………… 59
   1.1　間接部門と直接部門 ………………………………………… 60
   1.2　事務所（オフィス：office）とは ………………………… 62

1.3　間接部門・直接部門の役割と支援 …………………………………… 64
2. なぜ間接部門に新5Sが必要か ……………………………………………… 68
　　2.1　個人情報保護法 ………………………………………………………… 70
　　2.2　労務費の再認識 ………………………………………………………… 70
　　2.3　管理者は時間をつくれ ………………………………………………… 72
　　2.4　改善による人員減対応 ………………………………………………… 73
3. なぜ間接部門の新5S活動は低調か ………………………………………… 76
　　3.1　間接部門が低調な理由 ………………………………………………… 76
　　3.2　「気づき」が大事 ……………………………………………………… 78
　　3.3　「気づかせる心」をつくる試み ……………………………………… 81
　　3.4　「できない」言い訳 …………………………………………………… 85
　　3.5　ムダについての認識（関心度） ……………………………………… 86
　　3.6　安全・衛生についての認識 …………………………………………… 90

第3章　間接部門の新5S実践のポイント

1. 事務所の位置の基準及びレイアウト ……………………………………… 94
　　1.1　正常・異常が見て分かる基準 ………………………………………… 94
　　1.2　事務所のレイアウト …………………………………………………… 96
2. 躾について …………………………………………………………………… 96
　　2.1　挨　拶 …………………………………………………………………… 96
　　2.2　社員食堂 ………………………………………………………………… 99
　　2.3　就業時間中の服装 ……………………………………………………… 100
　　2.4　私物の持ち込み ………………………………………………………… 100
　　2.5　けじめ …………………………………………………………………… 101
　　2.6　ごみの分別 ……………………………………………………………… 102
　　2.7　傘の入れ方 ……………………………………………………………… 103
　　2.8　履き物の入れ方 ………………………………………………………… 104

| | | 2.9 | 躾についての実施例 | 105 |

3. 整理・整頓について ··················· 110
   - 3.1 文書に関する整理・整頓 ··········· 110
   - 3.2 個人持ち文書 ··················· 113
   - 3.3 ファイル（文書）の整理方法 ········ 114
   - 3.4 事務用品の共有化（置き場所） ······ 121
   - 3.5 収納物の見える化 ················ 122
   - 3.6 管理する「モノ」は少なく ········· 124
   - 3.7 床の面積 ······················ 126

4. 整理・整頓の実施例 ·················· 130
   - 4.1 ファイルは少なく ················ 130
   - 4.2 保存書類の見直しと廃棄 ·········· 130
   - 4.3 文房具は集中管理 ··············· 132

5. 清掃・清潔について ·················· 133
   - 5.1 清　掃 ······················· 134
   - 5.2 清　潔 ······················· 143
   - 5.3 清掃・清潔の実施例 ·············· 152

6. 安全について ······················ 153
   - 6.1 階　段 ······················· 154
   - 6.2 ド　ア ······················· 156
   - 6.3 床 ··························· 157
   - 6.4 1対29対300の法則 ············· 158
   - 6.5 電源スイッチ ··················· 160
   - 6.6 地震・火事などの備え ············· 161

第4章　間接部門の新5Sチェックシート

1. チェックシートのつくり方と参考例 ········· 164

1.1　チェックシートとは ·· 164
  1.2　チェックシートのつくり方 ·· 165
  1.3　5点評価チェックシート ·· 168
 2. 新5S評価レベルの考え方と仕方 ··· 181
  2.1　評価レベルの考え方 ·· 181
  2.2　評価の仕方 ·· 187
  2.3　評価の「ばらつき」 ·· 188
  2.4　評価の整理（新5Sレーダーチャートのつくり方）··················· 189
  2.5　評価の整理（Excelによる新5Sレーダーチャートのつくり方マニュアル）···· 191

第5章　間接部門の新5S活動事例

 1. 新5Sチェックシート ·· 196
 2. 小集団活動 ·· 196
 3. 改善提案活動 ·· 206

おわりに　217
資料提供団体（企業・自治体・学校）　219
参考文献　220

```
コラム
  躾（しつけ）　仕付け ·········································································· 32
  大阪PHP松下哲学研究会　会長　株式会社コノエ　会長　河野栄 ········ 35
  参考　第2章の用語の説明 ···································································· 60
  OR方式によるメンテナンス ································································ 68
  機会損失 opportunity loss ···································································· 71
  5ゲン主義 ······························································································ 75
  日本を美しくする会　会長　東海神栄電子工業株式会社　代表取締役　田中義人·106
  動作経済の原則の応用 ········································································ 111
  チェックシート ···················································································· 191
  オズボーンのチェックリスト ···························································· 207
```

第**1**章

新5Sの考え方と定義

この章では、なぜ"人づくり"の新5Sが必要になったか、その背景、従来の「モノ」を対象とした5Sに対し、人を対象とした新5Sの考え方、特に定義では新5Sの特徴である躾を重点に事例を交えて述べる．

1. 新5Sとは

新5Sとは、まずルールをつくる前に「心をつくる」ことが大切と考え、人間の心のもちようとして躾を「心（心掛け）を養成する」と定義している．すなわち、新5Sは、「躾」を要とし、「心づくり（心をつくる）」をするということである．

どんな立派なルールをつくってもそれを守らなければ何の役にも立たない．整理・整頓といったルールをどうつくるかは難しくない．問題はこのルールを守り守らせ決めたことをお互いが実行することである．

そのために、実行するよう仕向けるには「人間の躾」という分野から取り組まなければならないということである．

そこで新5Sの定義では、人づくりに必要不可欠な条件である「躾」を新5Sの要とし、最重要と位置づけ、躾（SHITSUKE）を先頭に、整理（SEIRI）・整頓（SEITON）・清掃（SEISOU）・清潔（SEIKETSU）の順に呼ぶことにしている．

従来の5Sは、整理・整頓・清掃・清潔・躾の順で、躾が一番後にある．順番が間違っていると誤解されないよう、5Sの前に新という字をつけ、新5Sとした．N5S*の呼び方もあるが同じである．

ご存じのように新5SのSは、ローマ字読みの頭文字をとったものである．なお、一般的に2Sは整理・整頓、3Sは整理・整頓・清掃と呼ばれている．

1.1 新5Sの目的

新5Sの目的は"人づくり"と、改善をしてムダ取りを行い利益向上（儲け

---
* NはNEW（新しい）のこと．

る）に貢献することである．

人の心（心掛け）を養成する（つくる）ということは，「人をつくる」ことと認識してほしい．新5Sでいう心づくりは「感謝する心」，「他人を喜ばす心」，「思いやりの心」の「三つの心」を養成する（つくる）こととしている．

躾の心づくりは，整理・整頓・清掃・清潔という行動を通じてもできる．図にまとめると図1.1のようになる．

図1.1 人材育成の新5S

新5Sでは，まずルールを守る．守れる心をつくる．その心をどのようにしてつくるかが課題となる．新5Sでは，これらの心を日常の行動の中からつくり込んで「養成」していくことにしている．心づくりの方法についてこれから述べるが，その方法の一つに掃除がある．トイレ掃除を自分の心を磨くための方法と考えるなら，トイレはそのための道場ということになる．目的は，自分の心を磨くことである．トイレ掃除を続ければ「感謝する心」・「他人を喜ばす心」・「思いやりの心」が生まれ，謙虚な人になれる（表1.1）．Y社では，かつて，社長自ら，トイレ掃除を行い，心を磨いた．

お客様に喜ばれる「モノ」をつくるにしても「サービス」をするにしても，人がするのである．だから，人の質*を高めることにより，これが満足されると企業の利益（儲け）につながる．ここで言う利益とは，世の中のお役に立つということである．世の中のお役に立てればそれにふさわしい利益が上がり，

＊　人の質を人質（じんしつ）ともいう．

表 1.1 なぜ，トイレ掃除か

1. 謙虚な人になれる
   どんなに才能があっても，傲慢な人は人を幸せにすることはできない．
   人間の第一条件は，まず謙虚であること．
   謙虚になるための確実で一番の近道が，トイレ掃除．
2. 気づく人になれる
   世の中で成果をあげる人とそうでない人の差は，無駄があるか，ないか．
   無駄をなくすためには，気づく人になることが大切．
   気づく人になることによって，無駄がなくなる．
   その「気づき」をもっとも引き出してくれるのがトイレ掃除．
3. 感動の心を育む
   感動こそ人生．できれば人を感動させるような生き方をしたい．
   そのためには自分自身が感動しやすい人間になることが第一．
   人が人に感動するのは，その人が手と足と体を使い，さらに身を低くして
   一所懸命取り組んでいる姿に感動する．
   特に，人のいやがるトイレ掃除は絶好の実践．
4. 感謝の心が芽生える
   人は幸せだから感謝するのではない．感謝するから幸せになれる．
   その点，トイレ掃除をしていると小さなことにも感謝できる感受性豊かな
   人間になれる．
5. 心を磨く
   心を取り出して磨くわけにいかないので，目の前に見えるものを磨く．
   特に，人のいやがるトイレをきれいにすると，心も美しくなる．
   人は，いつも見ているものに心も似てくる．

「日本を美しくする会」[*]

ひいては従業員やそのご家族につながる．家族の幸せとは単に生活の心配がないという「モノ」だけではない．"うれしい心"，"幸せを感じる心"，"人の幸せ"のことで，安らぎである．

当然のことであるが，利益を上げるためには手段を選ばず，人のひんしゅくを買うような反社会的なことをして，利益を上げることではない．

最近コンプライアンス（社内のルールを守ろうという法令順守の規則）が叫ばれたり，個人情報保護法に意識が高まっているが，これらを守るには，それに携わる人にその法令や法律の目的に対する自覚がなければ絵に描いた餅で何の意味もない．新5Sの躾は，自覚についての「心づくり」に必要である．

[*]「日本を美しくする会」の詳細は，p.106 及び参考文献 7) 掃除道を参照されたい．

1.2 新5S発想の背景

なぜ新5Sが必要になったのか，その背景について述べる．

「衣食足りて礼節を知る」．中国の春秋時代の斉の宰相「管仲」の言葉で「生活が豊かになり，ゆとりができるようになると，道徳意識はおのずから高まる」という．

しかし，我が国の現状は，明らかに違っている．自分のことしか考えない自己虫（じこちゅう）と呼ばれる自分さえよければよいという利己主義的な人が増え，老若男女を問わずマナー（行儀作法），社会のモラル（倫理，道徳）を無視して社会の風紀，秩序を乱している（写真1.1～写真1.3）．

写真1.1　車内で乾かしている傘

写真1.2　ポスト前の自転車

写真1.3　落書き

毎日，テレビや新聞を見ても，ラジオを聞いても自殺，殺人事件，傷害事件，法律を守らないで生じた交通事故など殺伐とした心の痛むできごとが多発している．また名門企業の不祥事も相次いで発覚している．欠陥隠し，データ

改ざん，インサイダー取引，食肉・野菜偽装，産地銘柄偽装，賞味期限・製造日改ざんなど，これらは利益を上げるために，社内論理が優先された結果である．いずれも心が病んでいるのである．

　企業の社会的責任を問う CSR* のガイドラインが平成 22 年（2010 年）までに作成されると聞くが，その効果は順守する心の持ちようにかかっている．

2. 心の新 5S

「飽食暖衣（ほうしょくだんい），逸居（いっきょ）して教えなければ，すなわち禽獣（きんじゅう）に近し」．孟子（約 2300 年前）の言葉である．「腹一杯食べ，暖かい衣服を着て，怠（なま）けた暮らしばかりさせて教育しなければ，鳥やけものの生活とあまり違いがない」という教えだが，人間教育の基本は今も昔も変わっていない．

　残念ながら現状は社会全体にその意識が欠如しているといわざるを得ない．

2.1　人を育てる「育てば育つ」

「育てる」，それはすべてのことに通じる．育てなければ育つことはない．これが「育成」の基本姿勢だと思う．

　どんな人も大きな可能性を秘めている．その可能性を信じることが大切である．育てるとは「相手を変化」させることである．人には「なくて七癖（くせ），あって四十八癖」などと「癖」，「性分」がある．この「癖」や「性分」が大きな障害になることがある．それらを是正することも「育て」なのである．

- 癖，性分（生まれつきの性質）の是正 → チームワークに不為（ふため）（ためにならないこと）になる．
- 能力を高める → できないことを，できるように向上させる．
- 態度を変化させる → 未経験なことには消極的になるものであるが，学習や体験からそれを克服させる．

＊　CSR とは Corporate Social Responsibility のことで企業の社会的責任のこと．社会的責任とは，環境対策，法令順守，人権配慮，消費者対策など多岐にわたる．

2.2 ほめる六分，叱る（注意）四分

育てるには，ほめるだけでなく，ときにはまずいと思ったことは，はっきりと叱ることも必要である．だが「ほめる六分，叱る（注意）四分」を原則的な態度として保持したいものである．

現在は，自己虫的な考え方をする，マナーやモラルを教え込まれていない若い人たちが社会へ，企業へと参加してきている．また，社会で指導的立場の年代の一部は，昭和20年（1945年）〜昭和33年（1958年）の間，学校教育に徳育の授業がなかったので両親や社会の諸先輩に躾された人たちである（写真1.4，写真1.5）．

写真 1.4 車窓から見る子どもたち
［1991（平成3）年撮影］

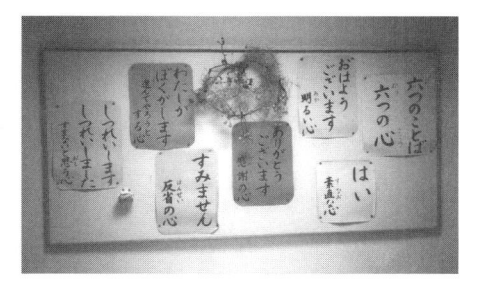

写真 1.5 小学校の掲示板

癖，性分というものは，相手に人の話を聞き入れる「ゆとり」がなければ変わらない．相手に人の好意や，人の話を聞く「ゆとり」がなければ逆うらみして「しつこい」，「うるさい」と反発する人もいる．何しろ注意されたり，叱られたりすることに慣れていないからである．

今は昔の5Sのように，ルールを守り守らせる，殴りつけても習性（クセ）になるまでやれと"しつけ"か暴力か分からないような仕方をする時代ではない．人を扱う立場の人は，日常，相手の長所を認めていれば，相手に対しての注意は受け入れられるものであることを考えなければならない「注意は一対一」．

叱る躾が難しい例をあげると，スーパーマーケットで店長に注意された若い

店員が「うるさい」と包丁で店長を刺し殺したり，宅配業界でもアルバイトの人が，注意のされ方が気に入らなかったので，死んでもよいと思い先輩の派遣社員を刺殺，また上司宅に時限発火装置を仕掛けるなど，日常茶飯事（ありふれたこと）のように様々な事件が起きている．その一方で，上司が「きれて」部下に暴力をふるう事件も起きている．また，それが原因で，部下がうつ病になったり自殺したりすることが社会問題になっている．これらは表沙汰になりにくいので，実数がかなりあるものと思われ，増加が危惧される．

現在でも，武道やスポーツ界の一部では，根性をつけるために"しつけ"か"しごき"（激しい訓練を加える）か暴力か，見分けがつかない難しい分野もある．

あるテレビ報道によれば，米国では多い年で1,000件以上の殺人，毎週33,000件の暴力が報告されているという（2006年11月某TV放映）．

2.3 「叱る」コツはまず「ほめる」

叱られることに慣れていない人たちは，「叱られる」と自己の存在を否定されたと思い込みやすいもので，まず「ほめる」ことに重点を置くように心掛ける必要がある．

相手の心に「訴え」，「聞き入れる」素地をつくるのは，「ほめる」にある．聞き入れる余裕を与えることになるからである．

部下の長所を認めるためには，まず上司が心に「ゆとり」を持たなければならない．そのためには，時間をつくる必要がある．ここで，その方法として，管理職が多くの時間を費やしている会議時間を分析し，改善して従来の38％減らした事例を表1.2に紹介するので参考にしてほしい．

次に相手に受け入れさせる技術について述べる．指導するにあたっては，相手を認めることが必須であり，相手の犯したことや相手の欠陥，欠点を本人が理解できるように説得することが必要である．

そのために「相手を認める」，「ほめる」ことから始めるのである．それには叱る側が叱られる側を多角的に研究する努力が求められる．

2. 心の新 5S

表 1.2 会議時間の減少

> **会議時間の減少**
> **会議改善のまとめ**

平成 19 年 5 月 15 日〜平成 19 年 8 月 12 日にかけて，管理職以上 26 名の会議内容の調査を実施した．その結果を踏まえて，今回会議内容の問題点を把握し，改善を実施したので以下のとおり報告する．

1. 原因分析及び対策内容

No.	問　題	原　因	対策内容
1	出席者が，案内者により決定され，本当に必要な人を厳選していない．	会議の案内を担当者に任せたままで，結論を出せる人，会議の重複が確認されていない．	会議案内を出す場合には，必ず課長又は部長の承認を得ることとする．
2	案内者は会議の議題を連絡するだけで，どういう内容なのか分からない．	案内者は，議題を連絡すれば相手は当然分かっているものと勘違いしている．	会議案内時に，会議の目的・ポイント，出席者の役割を明確にする．
3	会議資料が当日配付され，出席者は当日初めて見て審議するために時間がかかる．	会議担当部門が，会議資料の準備期間と開始時期について，無計画のまま開始時期を連絡している．	会議担当部門は，会議資料を少なくとも 2 日前までに配付できるように計画し，部門審議で結論が出るものは事前に提出させる．
4	会議担当者の準備が悪いため，会議開始時間になっても開始できない．	事前準備の手順が不明確なために，準備に抜かりが生じる．	会議担当者は，会場の点検，備品・資材等の準備状況を事前に確認する．
5	《連絡事項》で済む内容でも人を集めて会議をやっている．	人を集めて直接言わないと確認できないという錯覚があり，メールなどを有効に活用していない．	会議案内時に課長又は部長は，本当に会議を行う必要があるか必ずチェックする．
6	議長の会議の進め方がまずいために，時間どおりに終わらない．	意見交換の場になっていて，結論を導き出せていない．	議長は，議事進行項目を事前にまとめて会議を進める．
7	会議の終わり方があいまいなために，再度同じ会議を開催することがある．	何を決めたらよいか審議事項が決められていない．	会議の終わりに議長は決まったことを明確にし議事録に残す．
8	同じ会議に部長・課長・担当者が出席している．	会議の出席者が明確になっていない．	会議担当部門は，会議の内容に合わせて出席者を厳選し，基本的に部門より 1 名とする．
9	出席者が時間どおりに集合しないために，開始時間が遅れる．	会議の開始時間に対する意識が欠如している．	開始時間がきたら始め，遅れた人には審議事項の結論を伝える．
10	会議時間が長いために頭が十分に回転しなくなる．	結論を出せない意見が多く，審議が進まない．	会議担当部門は，会議の内容は 2 時間以内にて，会議の内容を決める．

建設機械メーカの例

表 1.2　（続き）

2. 歯止め策
2.1　会議案内の手順書の作成

○会議の主管部門は，会議参加者に以下の要件を e-mail で送る．
① 会議の議題
　※　事前に議題内容を部門審議し，決定できる人を参加させる．
② 開始日時
　※　開始時間～終了時間を明確にする．
　※　時間は 2 時間以内とする．
③ 開催場所
④ 会議の主旨及び内容
　※　出席部門の役割を明確にする．

＜留意事項＞
・会議担当部門は，案内を送る前に課長又は部長の承認を得る．
・要望項目は，事前に主管部門へ申し出る．
・配付資料がある場合は，2 日前までに出席部門へ事前に配付する．
・会議担当部門は，会場の点検，備品・資材などの準備状況を事前に確認する．
・議長は，時間内に終わらせるための進め方を事前に計画する．
・会議の終わりに，議長は決まったことを明確にし議事録に残す．
・出席予定者で出席できない場合もしくは遅れる場合は会議担当者へ事前に連絡する．

《関連資料》
　工場運営会議規程（FSS-B-2002）
　文書管理規程（FSS-C-3101）

☆　以上の手順を手順書として登録する．

2.2　定例会議内容の明確化

備考　G：グループ　GL：グループリーダー　TL：チームリーダー

	No.	会議内容	主管部門	サイクル	所要時間	メンバー
親会社関係		建機生販会議	Y 建機事業部	1/月	5H	管理部部長，次長，GL，担当者（生技 G）
		資材会議（Y グループ）	Y 資材	1/2 か月	5H	管理部部長又は第 3 資材 G
		品質統括委員会	Y 本社	1/月	5H	品質担当部長
		品質部門長会議	YN	1/月	5H	品質担当部長
		補修部品打合せ	Y 部品事業部	1/月	5H	生産部次長
		補修部品打合せ	YN 部品事業部	1/月	5H	生産部次長
本社関係		資材会議	本社資材	1/月	5H	管理部部長又は第 3 資材 G
		品質部門長会議	S 本社	1/2 か月	5H	品質担当部長，GL
		営業技術本部部課長会議	営業技術本部	1/3 か月	5H	第 3 営業技術 G 次長，GL
工場全体		部次長早朝会議	総務 G	1/週	1H	工場長，参与，部次長
		安全衛生委員会	総務 G	1/月	2H	安全衛生委員会メンバー
		労使協議会	総務 G	1/月	1H	部門長，組合執行委員
		建機 2H 品質会議	品証 G	1/月	2H	部門長，課長
		新幹線 PJ 進捗会議	新幹線 PJ	1/月	2H	各ワーキンググループ責任者，推進管理者，事務局

2. 心の新5S

表 1.2 （続き）

	No.	会議内容	主管部門	サイクル	所要時間	メンバー
工場全体		仕掛り機低減活動進捗打合せ	生技G	1/週	2H	製造体質強化活動の各チーフ
		取引先品質会議	品証G	1/月	5H	品質担当部長，管理部長，第3資材G次長，検査担当課長，取引先12社
		図訂会議	建機プロ	1/週	1H	品質保証G，生産技術G，第3資材GのGL
管理部		部内早朝会議	管理部	1/週	1H	部長，GL，TL
		部内朝礼	総務G	1/週	0.3H	管理部全員
		輸入会議	第3資材G	1/月	3H	管理部，生産部，品証G，建機プロ
生産部		部内生産会議	生産部	1/月	1H	生産部長，課長，GL
		生産協議会	生技G	1/月	1H	生産部長，管理部長，生技G GL，組合執行委員
品質・技術		木曜会	品証G	1/週	4H	品証GL，担当（2名）他
		保証修理費打合せ	品証G	1/月	4H	品証GL，担当（1名）他
		早朝会議	品質部長	1/週	1H	品質担当部長，品証G GL，第3営技G次長・GL，技術管理G GL
機械プロ		開発進捗会議	機械プロジェクト	1/月	3.5H	機械プロジェクト次長，GL，TL，担当（1名）
		部内品質会議	機械プロジェクト	1/月	2H	機械プロジェクト次長，GL，TL
		海外DS会議	機械プロジェクト	1/月	3H	機械プロジェクト次長，GL
		部内早朝会議	機械プロジェクト	1/週	0.5H	機械プロジェクト次長，GL

3. 改善効果（予想効果）

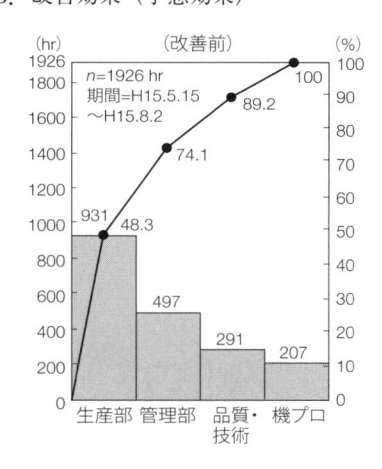

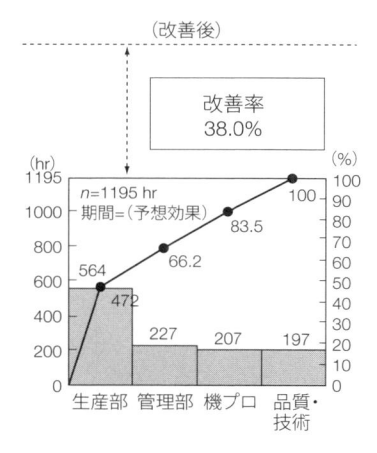

（改善前）
n=1926 hr
期間=H15.5.15〜H15.8.2
生産部 931 (48.3%), 管理部 497 (74.1%), 品質・技術 291 (89.2%), 機プロ 207 (100%)

（改善後）
n=1195 hr
期間=（予想効果）
生産部 564 (47.2%), 管理部 227 (66.2%), 機プロ 207 (83.5%), 品質・技術 197 (100%)

改善率 38.0%

くどいようだが,「一つの失敗が,その人のすべてではない」.人を育てる上で相手が同じ失敗を繰り返しているのは,多くの場合,「上司の責任であって部下の責任ではない」のである.よく注意するときに「あのときも同じ過ちをした」と過去にさかのぼって注意する上司がいるが,これは誤りである.「部下の失敗は上司の失敗」でもある.

2.4 「モノ」をつくりながら「心」をつくる

繰り返して述べるが「心をつくる」とは,感謝する心,他人を喜ばす心,思いやりの心をつくることである.「モノ」をつくる人,「サービス」をする人がまず良い「モノ」をつくろうとする心,良い「サービス」をする心を毎日の仕事を通じて行動の中でつくっていく(養成する).この心づくりをしながら技術・技能を修得することである.

せっかくすばらしい技術・技能を持ちながら間違った使い方をする人がいる.例えば,ニセ札やニセ高速道路回数券,あるいはコンピュータウイルスをつくったり,高度の技術・技能を使った犯罪も増えている.

これらの反社会的な行為をする人には,善いことをしようという心が"かけら"もない.技術・技能は,使いようによっては毒にも薬にもなる.この人たちには,善い行いをしようという心づくりが肝要である.

新5Sでは,まずルールを守る"心づくり",すなわち「心の新5S」から始めることにしている(表1.3「心の新5S」*とは).

新5S活動は,立派な人間形成に通じるものでなければならない.

3. 新5Sの定義

この節では,新5Sの定義について要点を述べる(第3章2.躾について参照,p.96).

現在,我が国に,特に公認された5Sの定義はない.それぞれの企業に適合

---

*「心の新5S」については,参考文献6)第1章3.心の新5Sを参照されたい.

3. 新5Sの定義

表1.3 「心の新5S」とは

区分	意　義	「心の新5S」とは （自分自身の新5Sとは）	「心の新5S」をするためになすべきこと	よく考えてみること
躾 とは？	・組織を動かすのは人，それも人の心で，その中心が躾である． ・躾の始めは「挨拶，お辞儀，言葉づかい」の励行である． ・マナーやルールが守れる心（心掛け）を養成する．	・約束が守れる人になる． ・正直で素直な人になる（人に迷惑をかけるうそをつかない，隠しごとをしない，言い訳をしない）． ・人間関係の基本は話し合いから始まる．人の話を聞く，相づちが打てる人になる． ・カタヨリなく話の本質を洞察することのできる度量の人になる．	・自分の行動を常に反省し，改める．計画・実行・検討・処置を実施する． ・計画は，目標と目標を達成するための方策を決める． ・よいと思ったことはすぐ実行する． ・人の話を聞き取る，聞き分ける，まとめる訓練をする．	・ルールを守ることは社会生活，家庭生活をする上での基本である． ・そのためにはルールの目的を理解する．
整理 とは？	・整えること． ・ムダを取り去って規則正しくする． ・機能（モノの働き）をよく知り，対応する組織をつくる．	・何事にもこだわらない人になる． ・改善して，ムダな時間を減らして心に"ゆとり"を持つ人になる． ・仕事を追い，仕事に追われない人になる． ・物事に執着しない人になる．	・くよくよしないで嫌なことはいっさりきっぱり忘れる（捨てる）． ・不用なことは切り捨てる（やめる）． ・不要なことは思い切って責任・権限を委譲（役割分担）する． ・自分の仕事の中身を分析し改善して時間をつくる．	・今もっている「モノ」や，悩みを思い切って捨てる（手放す）． ・両手を空にすると，新しい「モノ」がつかめる．
整頓 とは？	・心の整理ができると「心の整頓」が可能になる． ・片付けること． ・適材適所（例：ローテーション）．	・勉強してたくさんの知識と知恵をもち，いつでも必要なときに役立てることのできる人になる． ・物事を5ゲン主義で合理的に考え，実行できる人になる．	・知識を活かして，知恵の出し方を訓練する． ・物事は層別して（分けて）考える． ・けじめ，メリハリをつける訓練をする． ・使ったものは，必ず元に戻す訓練をする．	・創造力は訓練で伸ばすことができる． ・合理的≠横着何事にもけじめが大切である．
清掃 とは？	・掃除してきれいにする． ・はたく，掃く，拭く，磨く． ・清掃する行動が精神・心の掃除につながる．	・心のわだかまりがなく，柔軟な思考のできる人になる． ・思いやりのある心の広い人になる． ・物事は常に両面を考える． ・長所は伸ばし，欠点は直す努力をする．	・心に積もった"ホシイ""ニクイ""ウラミ""ヨク""ゴウマン""ハラダチ"などの心のほこりを掃き清める（取り除く）． ・人のやりたくないところの清掃をする（例：トイレ，洗面所）．	・機械・設備（治具・工具）や，部品・原材料・事務用品に感謝して大切に取り扱う．
清潔 とは？	・職場と身の回りがクリーンなこと． ・健康であること． ・以上の二つが心と体の安全確保になる．	・手洗い，爪切りの励行と，身ぎれいな人になる． ・整理，整頓，清掃ができる人になる． ・きれいな心で，世の中に役立つ人になることが自分のためになる．	・整理，整頓，清掃を通じて，素直な心になるための目標と方策を立て実行する． ・人に喜んでもらう心（心掛け）ができるまで，地道に繰り返す．	・反省第一（人のことは言わない）． ・人の意見を聞く． ・改める（改善）．

『人づくりによる儲ける新5S実践マニュアル』より転載

した定義がつくられている．ここでは，筆者が提唱する新 5S の定義について述べる．写真 1.6 の左側（表）は新 5S の定義，右側（裏）は実践する際のポイントである．

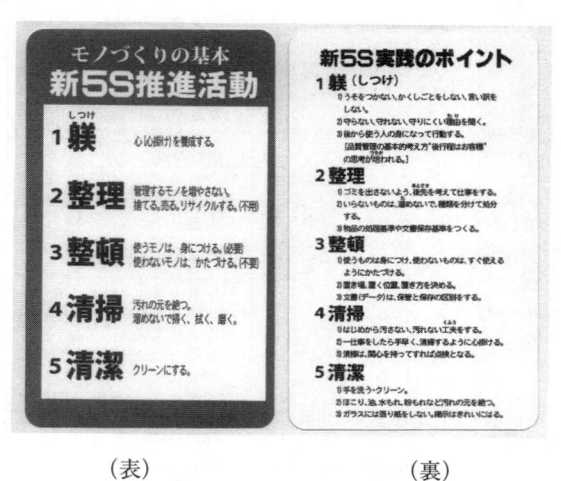

（表）　　　　　　　　（裏）
写真 1.6　新 5S 携帯カード

3.1　躾（しつけ）

3.1.1　心（心掛け）を養成する

1.1 新 5S の目的で述べたように，心（心掛け）の養成で取りあげている心とは，①「感謝する心」，②「他人を喜ばす心」，③「思いやりの心」の三つとしている．この心を養成（つくる）しようということである．

ではどのようにしてこれらの心を養成するのか？　その方法は，2.4 で述べているように，日常の行動の中から，つくり込んでいくのである（表 1.4）．これから述べる「心づくり」の諸行動は，凡事徹底*である．「凡事徹底」とは，簡単なこと，単純なこと，小さなこと，だれでもできることを徹底的にやり通すことである．

---

*　凡事徹底（凡事は造語）については，p.220 参考文献 7) 掃除道の p.128 凡事徹底の絶対必要条件，及び参考文献 11) 凡事徹底を参照されたい．

3. 新5Sの定義

表 1.4 躾が新5Sの要

躾について

躾が新5Sの要である．すなわちルールが守れる心をつくる．
躾とは，
　　　　整理をする心（心掛け）を養成する．
　　　　整頓をする心（心掛け）を養成する．
　　　　清掃をする心（心掛け）を養成する．
　　　　清潔にする心（心掛け）を養成することである．（図1.1参照）
だれが躾をするか
　　　　↓
　　人に言われてするものではない．
　　大人は自分自身，躾をするものである．そのためには，何事にも「気づく人」になること．
　　例えば，トイレの手洗い場に，タオルやぞうきんが置いてあるのは，「飛び散った水を拭く」ためである．
　　　　↓
　　だれが拭くか，
　　「汚したした人が拭く」のである．→　　すべて外部業者に任せて完璧にできるものではない
　　　　↓
　　後から使う人が気持ちよく使える．
　　後から使う人に喜んでもらう．この心（心掛け）が新5Sの躾によって培われる．
　　　　↓
品質管理の基本的な考え方は，「後工程はお客様」である．
まず他人に喜んでもらえる，心を持った人になると，
「後工程はお客様」の意味が分かり行動できるようになる．まず「心づくり」が先である．
整理・整頓・清掃・清潔は，安全，品質，納期，コスト，環境づくりや職場の活性化をする上で非常に大切なルールである．

　　　　　ルールは，守ってこそ価値が生まれる．躾が要である．

新5Sが「モノ」づくりや，サービスの基本であると言われる理由である．

(1) 感謝する心（表1.5）

「感謝する心」をつくるには，まず挨拶する．例えば，「ありがとう」と言えば，そこに相手を敬う，感謝する心が生まれる．感謝する心が生まれたら，「ありがとう」と言える．感謝の心が身につけば「モノ」を大切にするようになる．「モノ」を大切にすれば，「モノ」に対する感謝の心が生まれてくる．

例1　自分の持ち物に名前を付けると持ち物を大切にする心が生まれ，紛失することがなくなる．ムダなコストの発生もなくなる（図1.2，写真1.7）．

表1.5　新5Sの躾は日本人の心づくり

新5Sの躾は日本人の心づくり
―マナー（行儀作法）・モラル（倫理，道徳）―

新5Sの躾は，人間の「心の持ちよう」として捉え，躾の定義を「心（心掛け）を養成する」としている．良い「モノ」をつくるにも，良いサービスをするにも，良い社会をつくるにも，幸せな家庭をつくるにも，職場を楽しく，明るくするにも，良い心づくりが不可欠である．視点を広く，躾を「心づくり」として考えると，従来の5Sの考え方や見方あるいは，仕方が大きく変わってくる．

躾の定義：心（心掛け）を養成する

新5Sの躾でいう"三つの心"と，その心をつくる行動の因果関係は，例えば次のようになる．

1. 感謝する心　　　　　　⇔　挨拶をする．モノを大切にする行動
   （ありがとうと言える心）　　（自ら挨拶する，持ち物に名前を書く）
2. 他人を喜ばす心　　　　⇔　人の話を素直に聞く行動
   （気づくことができる心）　　（相手の話を聞く，掃除をする，人の悪口を言わない）
3. 思いやりの心　　　　　⇔　相手に気をつかう行動
   （温かい，やさしい心）　　　（席をゆずる，使ったら元に戻す，汚したら拭く）

3. 新5Sの定義

図1.2 筆記具に名前を付ける

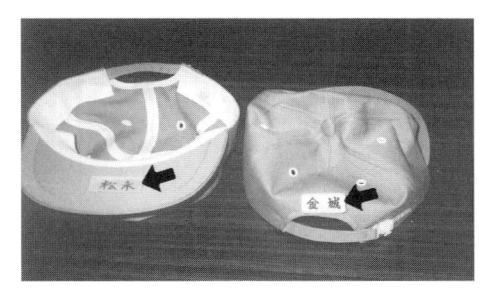

写真1.7 帽子には名前を付ける

例2　事務所で使う「モノ」への感謝とは

① 筆記具，パーソナル・コンピュータ[*1]（以下，パソコンと呼ぶ），プリンタ，マウス，PPC複写機[*2]（以下，コピー機と呼ぶ），ファクシミリ（以下，FAX[*3]と呼ぶ），関連機器[*4]などオフィス・オートメーション（以下，OA機器[*5]と呼ぶ）の手入れをして大切に取り扱うことにより，感謝の心が培われる．

[*1] パーソナル・コンピュータ：personal computer. 個人向けコンピュータといった意味で，デスクトップパソコン（机上型パソコン）とノートパソコンがある．
[*2] PPC複写機：プレーンペーパー（普通紙）コピア plain paper copier.
[*3] FAX：facsimile を短縮したもの．
[*4] 関連機器：パソコン本体以外のキーボード，マウス，プリンタなどの機器をいう．
[*5] OA機器：office automation の略で，パソコン，コピー機，FAX，複合機（コピー，スキャナー，FAX，プリンタの機能を1台で実現する）など，事務所になくてはならない情報機器の総称である．

② 用紙，ファイルや事務用品などをムダにしないよう大切に感謝して使う．図1.3～図1.5は，ある「モノ」づくり現場で消費した消耗品の年間パレート分析図である．改善をして1年後に同じように調べると改善効果が比較できる．間接部門も消耗品の消費の現状把握をし，要因解析し，改善してみるとよい．

期間 2006 年 12 月～2007 年 9 月
製造課

項　目	工　具	施　設	保護具	保　全	その他	総　額
金　額（円）	91,610	17,640	477,587	174,280	17,016	778,133
占有率（％）	11.77	2.27	61.38	22.40	2.19	

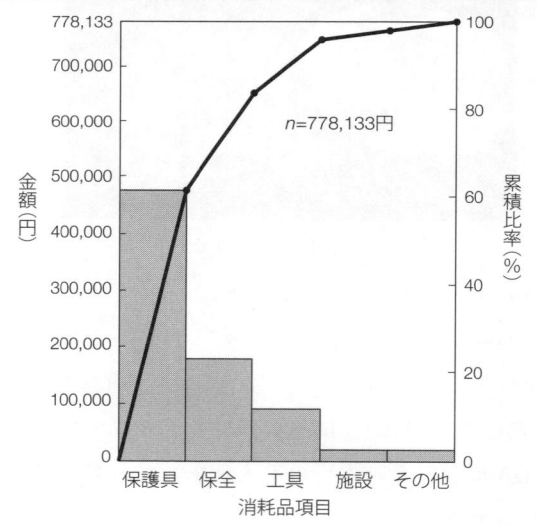

工　具　電球，ヤスリ等の消耗する工具
施　設　蛍光灯，ペンキ等の施設に使用するもの
保護具　手袋，マスク等の人が使用するもの
保　全　ふきん，洗剤，ハケ等の清掃・保全に使用するもの
その他

図 1.3　製造課の消耗品パレート分析図

3. 新5Sの定義

保護具

項　目	革手袋	軍手	軍手厚手	軍手ゴム引き	軍手ビニポツ	軍手綿スムース	ゴム手袋ハイロン	ビニール手袋	ビニール手袋薄手	防塵マスク	防塵マスク薬剤	綿手袋スムース	総額
金　額（円）	11,000	56,205	61,220	69,920	71,292	660	10,350	440	5,510	151,620	33,000	6,370	477,587
占有率（%）	2.3	11.8	12.8	14.6	14.9	0.1	2.2	0.1	1.2	31.7	6.9	1.3	

図 1.4 製造課の消耗品（上位 1 番目保護具）パレート分析図

保全

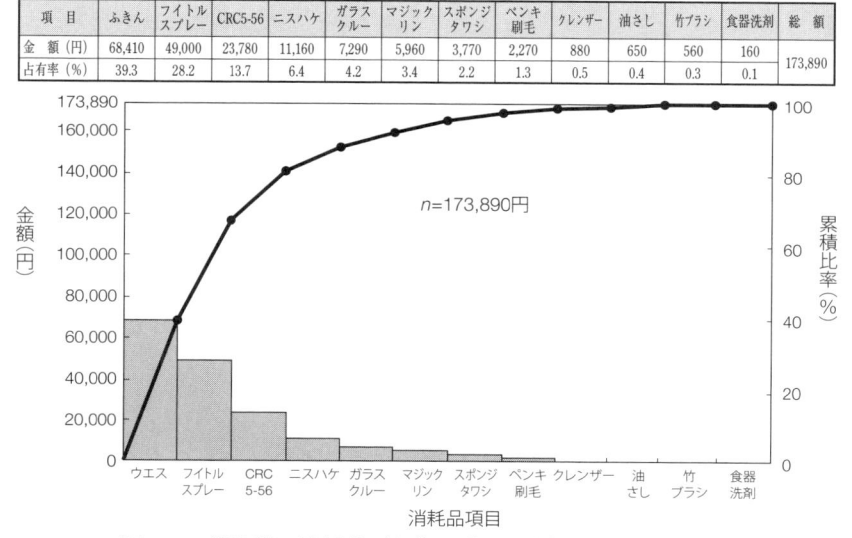

項　目	ふきん	フイトルスプレー	CRC5-56	ニスハケ	ガラスクルー	マジックリン	スポンジタワシ	ペンキ刷毛	クレンザー	油さし	竹ブラシ	食器洗剤	総額
金　額（円）	68,410	49,000	23,780	11,160	7,290	5,960	3,770	2,270	880	650	560	160	173,890
占有率（%）	39.3	28.2	13.7	6.4	4.2	3.4	2.2	1.3	0.5	0.4	0.3	0.1	

図 1.5 製造課の消耗品（上位 2 番目保全）パレート分析図

> **躾（しつけ） 仕付け** *column*
> - 身を美しく飾る意味で，親が子どもなどに礼儀作法を教えて身につけさせること．
> - 私服を縫うときに（仕付け）本縫いを正確に，きれいにするため，あらかじめざっと縫い合わせておくこと．折り目などを縫って押さえておくこと．
> - 躾（しつけ）とは，親が子に伝え身に付けさせることが基本であるが，それを望めない現実に，企業として，職場として，いかに対処するか．

③ 原材料に感謝する．例えば，水を使う仕事の人は水に感謝する．写真1.8は製紙メーカーの例で年2回，水に感謝のお祭りをしている．

④ 写真1.9の池の中に浮かぶ消火器は，「モノ」に感謝する心のない人のしわざであろう．気の毒（かわいそう）な人である．

写真 1.8 水神様に感謝　　**写真 1.9** 池に捨てられた消火器

(2) 他人を喜ばす心（表1.5）

「他人を喜ばす心」をつくるには，何ごとにも"気づく"ようになることである．その心をつくるには掃除をするとよい．掃除については後で述べる．また，人の悪口を言わないことである．悪口が平気で言える人は，傲慢な心の持ち主であるので，「心を」改める．耳障りのよくない話でも，人の話を素直に聞くことのできる度量の大きい人になる．広い心で「ゆとり」をもった言動をする．例えば，勇気がいるが，車内で，身分や年齢に関係なく，自分より弱い

3. 新5Sの定義　　　　33

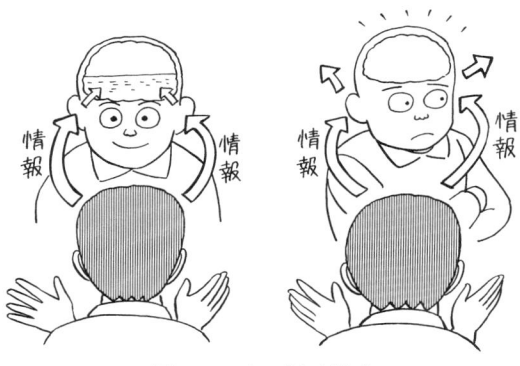

図 1.6　人の話は聞く

人に席をゆずる．ドアを閉めるとき，ちょっと待ってすぐ後から来た人を入れてあげるなどである．年下だからと見下さないで，意見をきちんと聞く．

写真 1.10 は，K 市役所の傘のサービスである．市民から好評を得ている．写真 1.11 は S 社の受付カウンターで初めて来社されるお客様に喜ばれている．

写真 1.10　K 市役所の傘立て　　　**写真 1.11**　S 社のフロント

(3) 思いやりの心（表 1.5）

「思いやりの心」づくりは，温かい，やさしい心で相手に気をつかう（気配りをする）行動をする．人に迷惑をかけない行動をする．

例えば共有品は，後から使う人が探しまわることがないように，使用後は元の位置に戻す（写真 1.12）．

傘立てには，後から来た人が入れやすいように洋傘は，巻いてとめて入れ

る．巻いて入れると枠が全部使える．巻かないで入れると，周囲の枠をふさぐので，後から来た人が入れられなくなる．巻かないで入れている人を見かけたら，教えてあげる（写真 1.13）．

写真 1.12 共有品の置き場　　**写真 1.13** 傘の入れ方

3.1.2 心の教育をする[*1]

新 5S の躾は，心づくりのための「心の教育」とも位置づけられる．人の話をカタヨリなく聞ける「素直な心」[*2]を育むことが目的である．「素直な心」になることができれば，凡人であっても，①ものごとの本質を洞察[*3]することができる人，②目的と手段を間違えることがない人になれるのである．

(1) 人の話を洞察するとは

言われたこと，指示されたことしかしない人がいる．なぜか？

落語で与太郎におじさんが，「与太郎，魚を見ておけ」と言い残して出かけた．与太郎が魚を見ているとネコが来て魚をくわえていった．おじさんが帰ってきて「与太郎，魚は」と聞くと，ネコがくわえていったと答える話である．

同じようなことを私たちも日常よく体験する．例えば，コピーをしておくよう指示された人が，原紙が汚れていても修正しないで指示されたとおり，その

[*1] 従来の躾の定義に「心の教育をする」を追加した．
[*2] 松下電器産業株式会社の創業者，故松下幸之助翁は，生前素直な心になるには 30 年かかると言っておられた．
[*3] 広辞苑によると洞察とは物の本質，事情，原因などを深く見抜くこと．気づき，知覚，洞察の性質．

ままコピーした．写真入りの原紙をコピーするのに，写真の濃淡をチェックしないで多量にコピーして，写真が黒すぎて見にくいので再コピーした．

　この二つの例で何が欠けているかといえば，指示する方は相手の能力や都合を考えて分かりやすく指示していない．指示される方も何も考えないで指示されたことだけをしている．お互いが洞察する心に欠けている．

　現代は，指示をしっぱなしにしたり，また言われたことしかしなかったり，平成の与太郎が多くなり，困ったものである．

---

column

大阪 PHP 松下哲学研究会 会長　株式会社コノエ 会長　河野栄

　大阪 PHP 松下哲学研究会は，松下幸之助氏が提唱した「素直な心になろう」の趣旨を踏まえ，松下幸之助の著書等を通じ，人生や経営についての考え方を学び，会員の相互啓発を図り高め合うことを目的としている．

　目的を達成するために，次のような活動を行っている．
① 　松下幸之助氏の著書等による勉強会
② 　メンバーの体験スピーチによる勉強会
③ 　会員相互の情報交換
④ 　その他親睦をかねての研修旅行や企業の見学会などを毎月1回開催している．

「素直な心」を心がけましょう！
私たちの信条と五つのちかい

私たちの信条
　・素直な心でみんなに学びましょう
　・素直な心で考え話しあいましょう
　・素直な心で行動しましょう

五つのちかい
　・すすんで人の話を聞く心を養いましょう
　・人に甘えず　自主的に考え自力で行動しましょう
　・公私のケジメ　時間のケジメをつけましょう
　・お互いの約束事は必ず守りましょう
　・人に親切にし　思いやりの心をもって互いに許しあいましょう

(2) 目的と手段を間違えないとは

① 名札は何のために付けるか，目的を教えていない．腕に付けたり，帽子に付けたり，自由に付けている．車掌が高価そうな名札を胸に付けているが，文字が小さくて客からは読みにくい．そのため用事があっても，名前が呼べない．いくら高価な格好のよい名札でも，客の役に立たなければムダである．役に立たない名札をつけ，何も気にしない．このようなカタヨリのある考え方を自己満足という．

街のカメラ店に入ったら大きな名札を付けていた．これならだれに現像を頼んだか分かるので，安心して頼める．これが本当のお客様に心を売るサービスである（写真1.14）．

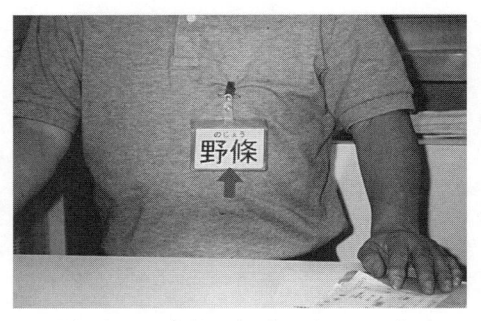

写真1.14 名札は相手に分かるように

② 男子便器の上に，一歩前へと張り紙がしてある．ところで，足もとが小便で濡れている．張った人に尋ねると，3年間もこのままだという．張り紙をした人は，張ることが目的で役目を果たしたと勘違いしている．これは自己中心のカタヨリのある考え方である．

目的は，便器の手前に小便をこぼさないことである．張り紙は，そのための方法の一つにすぎない．張り紙で効果がなければ，ほかの方法を考える．方法（アイデア）はいくらでもある．その一例を写真1.15～写真1.18に示す．

③ 掲示板などに張る張り紙の仕方を考えてみる．張り方にはいろいろな方法がある．張り方の留意点は，「張ったらはがす」，「はがしやすい張

3. 新5Sの定義　　　　　　　　37

写真1.15　小便器の注意書き

写真1.16　小便器の注意書き

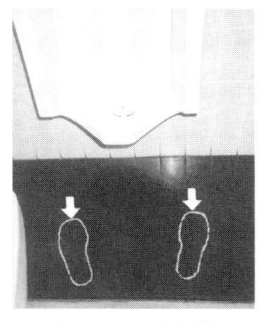

写真1.17　小便器の立ち位置

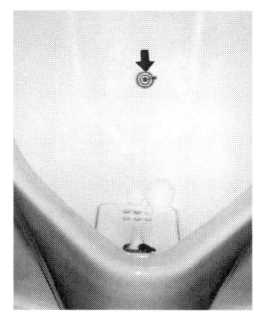

写真1.18　小便器の使い方

り方」をする．後先を考えた張り方を工夫する．

　セロテープで張るのは知識である．これは小学生でも知っている．どんな張り方をするかが知恵である．このような当たり前のことが当たり前にできる「心」が素直な心である．

写真1.19　画鋲の留め方

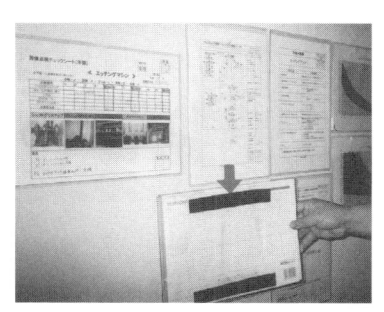

写真1.20　マグネットで留める

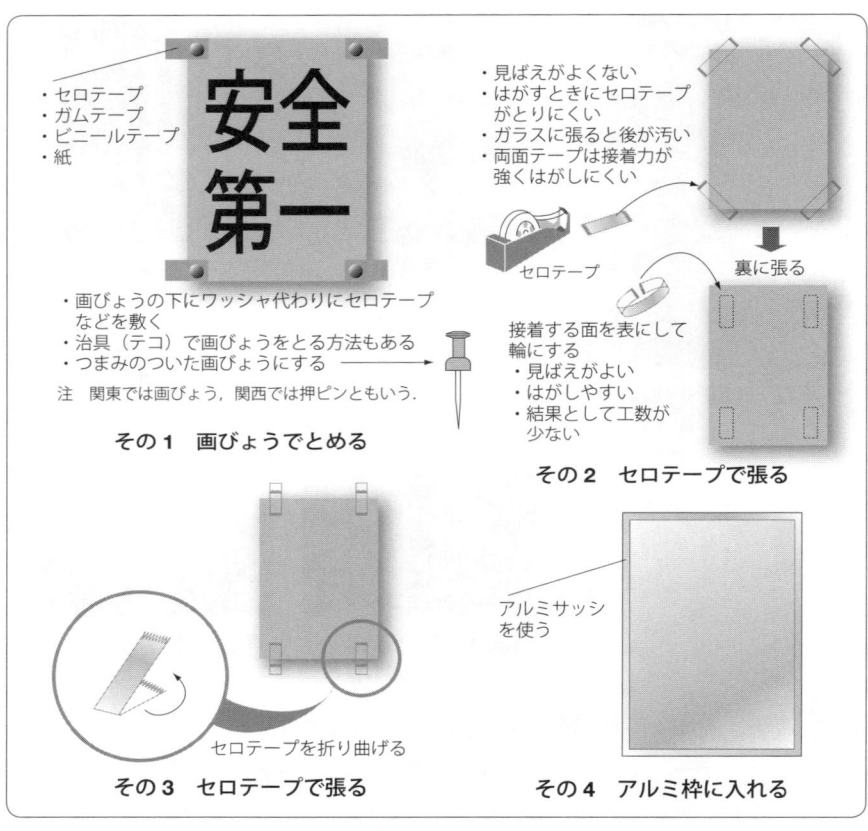

図1.7 張り方は多様

その1　画びょうでとめる
- セロテープ
- ガムテープ
- ビニールテープ
- 紙

・画びょうの下にワッシャ代わりにセロテープなどを敷く
・治具（テコ）で画びょうをとる方法もある
・つまみのついた画びょうにする
注　関東では画びょう，関西では押ピンともいう．

その2　セロテープで張る
・見ばえがよくない
・はがすときにセロテープがとりにくい
・ガラスに張ると後が汚い
・両面テープは接着力が強くはがしにくい

セロテープ　裏に張る

接着する面を表にして輪にする
・見ばえがよい
・はがしやすい
・結果として工数が少ない

その3　セロテープで張る
セロテープを折り曲げる

その4　アルミ枠に入れる
アルミサッシを使う

3.1.3　「三つの心」の実例

次に躾の「三つの心」が当てはまる実例を紹介する．

①　N社の工場入口に「腰掛け」が二つ置いてある．何の変わったこともない木製の「腰掛け」である．

この工場では，見学に来社した人は，工場に入る前にオーバーシューズ（靴にかぶせるビニール製のカバー）をはく決まりになっている．

オーバーシューズをはく際，高齢の人は，足もとがふらついて，不安定な姿勢になり，危ない．そこで「腰掛け」を準備した．腰掛けの材質も，暖かみの

3. 新5Sの定義

ある木製である．新5Sの「三つの心」を当てはめてみると，見学者に「感謝する心」，オーバーシューズを安心してはいていただく「他人を喜ばす心」，高齢者をいたわる「思いやりの心」が伺える．すばらしい企業である（写真1.21）．

写真 1.21　木の腰掛け

② T社を訪問した．タイヤを買いに行ったのではない．車を止めると奥から店員が元気のよい挨拶とともにタイヤの空気圧を測らせてくださいという．空気圧が足りなければ空気を入れてくれるという．タイヤは地面と台車に乗っている人や「モノ」を支えてくれている．そのタイヤの中の空気の大切さについては，あまりにも当たり前すぎてだれも気にしていない．空気圧がそろそろ気になり出したら測ってもらおうという程度である．

躾の「三つの心」で考えてみると，挨拶は，お客様に対する「感謝の心」，空気圧を測ることによる「他人を喜ばす心」，何よりもタイヤの販売より人命を第一に考える「思いやりの心」を持つ店員に頭が下がる，すばらしい企業である（写真1.22）．

写真 1.22　タイヤ空気圧測定

③ 日常，仕事中，新5Sの躾，心（心掛け）を養成する行動としてコピー作業がある．

普通は，コピーをした後でコピー用紙が汚れていたら，ガラス面を拭いて再コピーをする．コピー不良が出てからでは遅い．まずコピーし終わった人がすぐにガラス面を拭く．コピー機のそばに図1.8のようにふきんとクリーナー（洗剤）の位置を決めて置いておく．面倒がらないでコピーをしたらすぐありがとうという気持ちでガラス面を拭くこの数秒の作業によりコピー機への「感謝」の心が生まれる（もし，1台しかないコピー機が故障すると本当に困るものである）．

図1.8 コピー機のそばにふきんとクリーナーを置き，コピーしたらすぐガラスを拭く

後からコピーをする人が安心してコピーができるので「他人を喜ばす心」が生まれ，繰り返しているうちに後から使う人への「思いやりの心」も生まれてくる．

④ J社では，東南アジア系の外国人が行う廃材回収品（古タイヤ）の積み込みを従業員が手伝っている．普通は気づかないし，気づいても自らやろうとしない．廃材を回収してくれる人への「感謝の心」，「他人（この場合は外国人）を喜ばす心」，重い廃材を積み込む「思いやりの心」ができているように思う．J社の「下座（末席）に生きる心が基本である」という社長の思想が徹底して末端まで貫かれているようで，すばらしい企業である．

3.2 整理

この節では整理の定義について要点を述べる（第3章3.整理・整頓について参照, p.110）．

図1.9は，整理と整頓の関連図である．

新5Sの整理・整頓は，必要・不必要（不要・不用）に分けている．必要な「モノ」は身につけるか，手を伸ばせば届く範囲に置く．要するに歩かなくても仕事ができる．

不要な「モノ」は，少し離れたところに取り出しやすいように整頓して保管する．不用な「モノ」は捨てる．

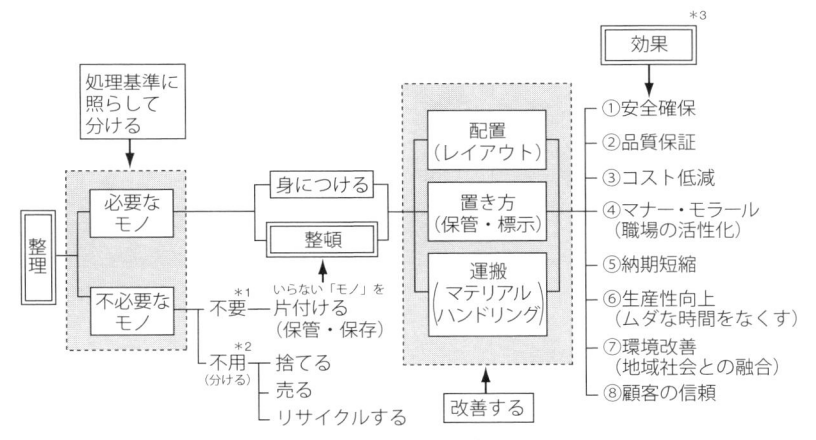

*1 不要：必要でないこと．とりあえずいらない「モノ」．
*2 不用：使わないこと．いらない「モノ」．役に立たないこと．用のないこと．
*3 ①～⑤を現場の5大任務という．

図1.9　整理と整頓の関連
（『人づくりによる儲ける新5S実践マニュアル』より転載）

3.2.1　管理する「モノ」を増やさない

現在，事務所では，筆記具，ファイル，ステープラー（以下，ホッチキスと呼ぶ）など文房具を持ちすぎている．机上に不要な筆記具の入ったペンスタンド（筆立て）を見かけることもある（写真1.23）．ただし，デザイナーは別で

ある.

試みに自分の机の引出しに何がどのくらいあるか調べてみる．いつこんなにと思うくらい，いつの間にか増えているものである（写真1.24，写真1.25，表1.6）．

写真 1.23 不要な筆記具が多い筆立て

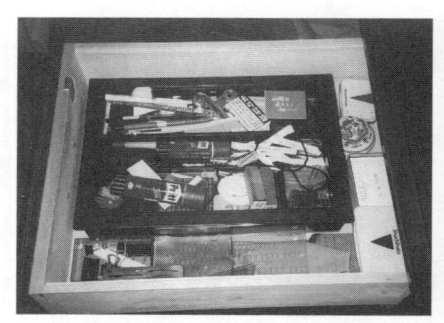

写真 1.24 引出しの中の文房具

写真 1.25 文房具を並べた

表 1.6 引出しの中にあった文房具

①スケール	⑬万歩計	㉕ハンコブラシ
②巻尺	⑭マッチ	㉖名刺
③目玉クリップ	⑮スタンプ台	㉗スティックのり
④クリップ	⑯サインペン	㉘爪みがき
⑤ゼムクリップ	⑰Q胸章	㉙ゴム印
⑥ホッチキス，ホッチキス針	⑱耳せん	㉚爪切り
⑦文字消し板	⑲修正液	㉛ようじ
⑧ボールペン	⑳くし	㉜つづりひも
⑨印章	㉑シャープペンシル，替え芯	㉝鉛筆
⑩朱肉	㉒輪ゴム	㉞リップクリーム
⑪名札	㉓フック	㉟ふせん
⑫三角定規	㉔かぎ	㊱フィンガーキャップ

3. 新 5S の定義

写真 1.26 は，P 社の各フロアの余分に持っていた鉛筆を集めたものである．いかに持ち物が多いか反省させられる．

持ち物は多いとそれだけ管理工数*がかかりムダが発生する．持ち物は少しでも少なくするよう心掛けることが大切である．

写真 1.26 余った鉛筆

3.2.2 捨てる，売る，リサイクルする（不用）

ごみは出さないように，後先を考えて仕事をする．ごみを多く出す人は不用な DM（ダイレクトメール）などは別として，仕事の下手な人である．「モノ」づくりの現場に例えれば，不適合品を多くつくる人である．ごみを多く出す人は，そのごみを分析して自分の仕事の仕方を改善する必要がある（第 3 章 3.7.2 ごみ箱は少なく参照，p.127）．

写真 1.27 は，Y 社の事務所のごみ分別の仕方である．捨てる紙は，仕分けすることにより，業者に無償で引き取ってもらうなどして，廃棄物に要するコストを減らす．また，事務所のごみが少なくなれば，資源の節約になり，ごみ箱の数も減らすことができる．

写真 1.28 は，透明なケースのごみ箱で，ペットボトル，びん・缶，新聞・雑誌，その他のごみに分別されている．外からごみが見えるので，安全上からも安心できる．

不用な「モノ」は捨てる．写真 1.29 は，P 社が 10 年間保存していた書類を廃棄する直前で，「ちりも積もれば山となる」のことわざがよく分かる．この廃棄は社長の決断によるものである．書類は捨てる権限を持つ人の決断がないとたまるばかりである．書類を捨てる権限を持つ人が，優柔不断では困る．事

---

* 工数 man-hour「仕事量の全体を表す尺度で，仕事を一人の作業者で遂行するのに要する時間．備考：工数は人・時間，人・時間・頻度，人・日などの単位で示される．」（JIS Z 8141）

写真 1.27　リサイクル用ごみの分別

写真 1.28　ごみ箱の中が見える

写真 1.29　廃棄される直前の書類

　務所に書類が多くて氾濫し，整理・整頓されていないのは，その部署の責任者が無関心であったり優柔不断であったりの結果であり，責任者の処理能力の代用特性のようなものである．該当者は心すべきである．

　廃材は仕分けして売れる「モノ」は売る．廃材置き場は，工夫して，清潔で安全に置きやすく，運び出しやすいようにする．

　リサイクルについては，資源のムダづかいをやめようと工夫することは良いことである．ここでコピー機のPPC用紙（以下，コピー用紙と呼ぶ）のムダについて考えてみる．

　一般的に，コピーミス，又はコピーをしすぎて余ったコピー用紙は，裏面を

使うことが多い．しかし，コピーミスやコピーのしすぎをなくして，裏面を使う必要がないようにすることが肝心なことである．コピーミスをしても安易に裏面を使えばよいという考え方をなくさなければならない（写真 1.30，写真 1.31）．

写真 1.30 コピー機のふたの張り紙

写真 1.31 コピー機のふたの張り紙

次に，コピーミスなどで印刷されたコピー用紙の裏面を使用した場合に考えられる，コピー機の故障やトラブルを下記に示す．

- コピー用紙の重送：印刷面があるために下の用紙が一緒に給紙されやすい．
- 各ローラーの汚れ：送りローラーにトナーの汚れが付きやすい．
- 定着部の汚れ：熱を加える部分なので，印刷面が熱で溶け，定着ローラーが汚れる場合がある．
- 紙詰まり：コピー用紙のカールにより，紙詰まりの原因になる．

なお，裏面が重要書類の場合もあるので，うっかり間違って使うことがないように裏面の分別をして，使うときのルールを決め教育して周知徹底する必要がある．

3.3 整　頓

この節では，整頓の定義について，要点を述べる（第 3 章 3. 整理・整頓について参照，p.110）．

3.3.1 使う「モノ」は，身につける（必要）

日常使う筆記具は，ムダな動きをしないように胸や腕のポケットに入れる（写真1.32）．ホッチキスなどは，手を伸ばせば取れる範囲に保管する．また共通して使う大型の厚とじやホッチキス，大型のパンチ，テープカッターなどは，置く場所と位置を決め，取りやすく，戻しやすいようにする．そして，だれが持ち出したか分かるような工夫をする．探す手間をなくすためである（写真1.12）．

頻繁に使うファイルは机上のデスクトレーやレターケースに収納する．あるいは脇机やキャビネットに保管する．共通して使うファイルは，背表紙に文書名を分かりやすく書き（写真1.33），分類して文書棚に保管する（写真1.34）．写真1.35は，街の床屋が工夫した，取り出しやすいはさみ置きの木製の治具である．工夫はどこでもされている例として紹介する．

写真 1.32 筆記具は身につける

写真 1.33 ファイル背表紙

3.3.2 使わない「モノ」は片付ける（不要）

必要な「モノ」ではあるが，今は必要としない「モノ」は取り出しやすく，戻しやすいよう仕事の妨げにならない場所に一時保管する．

例えば，大会議室の臨時使用で一時的に撤去することになったいすや，多目的ホールで一時使わなくなったいすを，いす専用の運搬台車で効率的に所定の

3. 新5Sの定義　　　　　　　　　　47

写真 1.34　ファイルは分類，表示，色別する

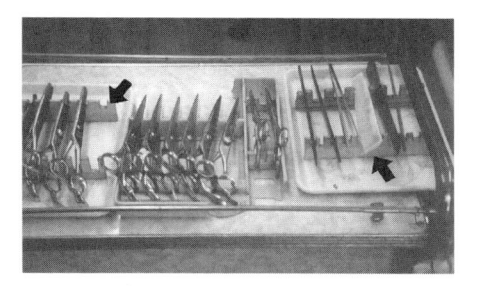

写真 1.35　はさみ置き木製治具

場所に移動する．あるいは，いすを乗せたまま保管する（写真1.36）．

写真1.37では，あるペットショップに併設された書籍売り場で，お客様に気持ちよく本を読んでいただくために，仕事の合間に乱れた本を手早く片付けている．お客様に「心を売る」姿勢が伺える．

写真 1.36　手づくりのいす専用運搬台車

写真 1.37　手が空いたすきに片付ける

3.4 清　　掃

この節では，清掃の定義について要点を述べる（第3章5.1清掃参照，p.134）．

整理・整頓・清掃は，清掃を目的に期限を決めてするのも一つの方法である．なぜならば，清掃しようと思えば，まず清掃のじゃまになる不要な「モノ」を片付ける（整頓する）．片付けるためには，不用な「モノ」を捨てる

(整理する) ことになる.

　従来は，まず整理してから整頓する手順が多かった．しかし現場は生きているので，整頓中にも整理する「モノ」が発生する．整理・整頓をするように命令や指示をしても，聞いたことしかしない人がいる．人は押しつけられることを本能的に嫌がる．また，期限どおりできないことを叱責すると，意欲を失ってくるし，内心（心のうち），反感を持つようになってくる．

　新5Sをするにあたって，新5S活動の推進者（委員，世話人）は，指示するだけでなく，自分はどんなことを手伝ってやれるかを考え実行する必要がある．

　清掃は，次のことに留意する．

① 準備をする．

　　清掃は，準備をしておき，要領よく，早くする（時間をかけない）．そのためには，掃除道具の置き場所，置く位置を決める．掃除道具をロッカーに入れるのは戸の開閉がムダであり，道具の整頓も怠りがちになる．

　　給湯室の食器棚も食器の置き場の位置を決めて表示すれば，だれでも取りやすいし，元に戻しやすくなる（写真1.38）．物品も開き戸に表示しておけば探さなくてすむし，戻しやすい（写真1.39，図1.10）．

写真1.38 食器の位置決め　　　　**写真1.39 流し台の表示**

② 一仕事，一清掃を心掛ける．

　　床屋が，一人終えたらすぐ掃除している．次のお客様への心づかいである．事務所の仕事も，一仕事終えたらすぐ片付け，次の仕事に取り掛かり

3. 新5Sの定義

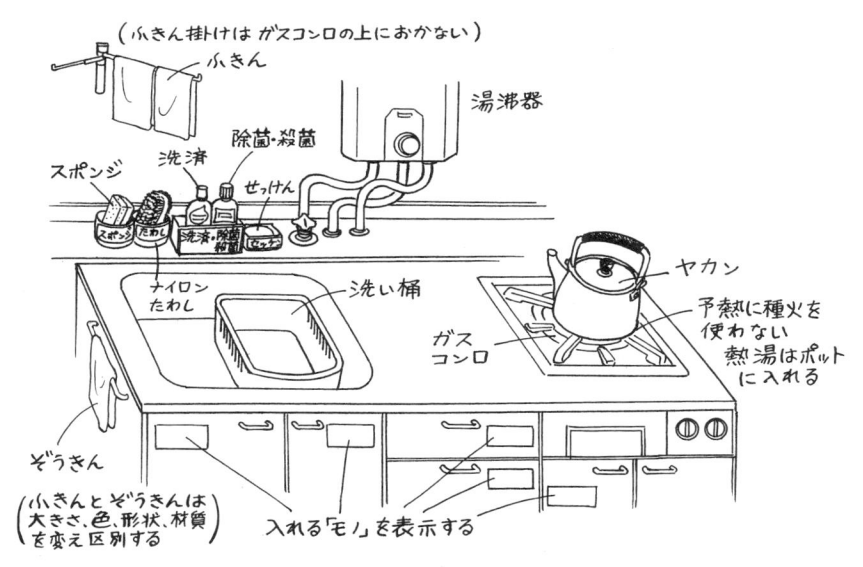

図1.10 あるべき姿の流し台モデル

たいものである．

　写真1.40は，大便器で立って用をすませたとき，水洗トイレの臭い*の原因になる便器の周辺に飛び散った小便の細かいしぶきをペーパーで拭き

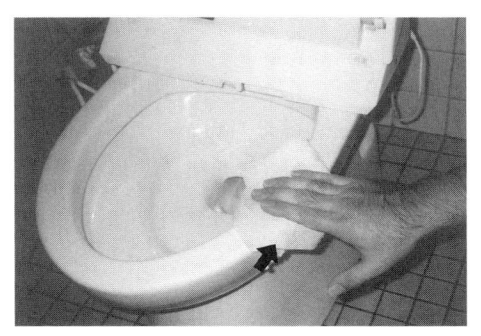

写真1.40 用をすませたらすぐ拭く

---

* 男子用小便器の臭いの主な原因は，小便器の水漉（みずこし）の裏側にこびりついた尿石である．

取っている様子である．汚れた台座は自分で拭く習性をつける．これが「思いやりの心」である．後で使う人も気持ちがよい．また，便器が汚れてからでは，掃除に手間もかかる．

ところで，筆者がある古い焼肉店で注文したとき，使ったメニューがきれいなのに気づいた．店の古さと比べると，違和感を感じたので，ウエイトレスの動作を観察した．彼女は，注文を復唱し，店の人に告げた後でメニューを拭いて所定の箇所に戻した．

この数秒の「拭く」という動作が清潔なメニューの原因であることが分かった．使ったら拭いて片付ける．一仕事一清掃の例として，事務所の仕事の参考になろう．

③　見えないところを拭く．

拭き掃除は見えるところを拭くだけでなく，見えないところ，見えにくいところも掃除するよう心掛ける（第3章 5.1.3 拭き掃除のポイント参照，p.138）．

④　汚れの原因を調べて改善する．

汚れているところ（結果）を拭く（改善）だけでなく，なぜ汚れるのか原因を調べて改善すると再発防止策*になる．新5S活動の改善では，同じことを繰り返さないことにしている．

3.4.1　汚れのもとを絶つ

汚したら拭く．汚れたら拭くが，はじめから汚さないこと．汚れない工夫が大切である．

例えば，手袋をする．カバーをする．床の仕切線（白線が多い）は汚れたら拭いている．白線は踏まないよう心掛ける．筆者も子どものころ，たたみの"へり"を踏むと母からよく叱られたものである（写真1.41～写真1.43）．

＊　再発防止策とは，改善して良くなった成果が後戻り（再発）しないための根本的な対策（恒久対策）のこと．

3. 新5Sの定義　　　　51

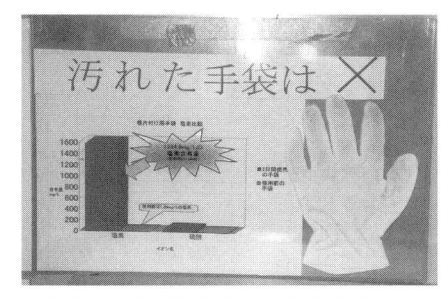

写真 1.41　汚さないよう手袋をする

写真 1.42　床面の仕切線

写真 1.43　たたみの"へり"

3.4.2　ためないで掃く，拭く，磨く

① ためない

掃除の基本はためないで，すぐにすることである．例えば，写真1.44に示すように，落葉は面倒がらず，みんなで手分けしてこまめに掃除する．芝生も

写真 1.44　従業員による芝の手入れ

同様にこまめに手入れをすれば短い時間でいつもきれいである．

② 感謝して拭く

第1章3.1節の「感謝する心」例2で述べたように (p.29)，掃除はパソコン，プリンタはじめOA機器・関連用品・文具製品に感謝して"ありがとう"という気持ちで関心を持ってすれば，点検という付加価値を生む．すなわち，具合の悪い箇所を早く見つけることができ，作業に支障をきたすことが防げる．

3.5　清　潔

この節では，清潔の定義について要点を述べる（第3章5.2清潔参照，p.143）．

新5Sで清潔とは，汚れがなくきれいな状態（クリーンと呼ぶ）を意味するもので，清潔な職場こそ，働く人たちにとって，安全で衛生的で働きがいのある職場環境といえる．新5S活動の清潔とは，職場のクリーン化をいう．

清潔な職場にするには，まずルールが守れる心をつくり，整理・整頓・清掃をして維持・管理・改善していると実現する．

しかし，清潔については，人によって，感じ方は様々である．一人ひとりの感性（感受性）が違うからである．次に，清潔の定義の要点である「クリーンにする」を 1) 清潔が第一，2) ガラスには張り紙をしない，などについて述べる．

3.5.1　クリーンにする

(1) **手を洗う**（第3章5.2.1正しい手の洗い方参照，p.144）．

衛生第一．特に，衛生面では手洗いをする．手洗いは，正しい洗い方をする．

① まず水で手を濡らす
② 石けん（石けん液）をぬる
③ 手のひらで泡だたせ，よくこする
④ 左手の手のひらは右手のこぶしでこする，右手の手のひらはその逆
⑤ 爪先，指の間，指のつけ根，手首をこする（爪ブラシで爪先を磨く）

3. 新 5S の定義

⑥　水ですすぐ
⑦　ペーパータオル，ペーパーハンカチで拭く
⑧　アルコールをスプレーするときはむらなく指先まですり込む．

　　爪ブラシ，アルコールを使わなければ手洗い時間は約 20 秒でできる．社員食堂入口の洗面所の混雑を防ぐ工夫が必要である．

(2) 身だしなみ

身だしなみを考えてみよう．職場での装いは大切である．
F 社では，写真 1.45 に示すように，事務所内に正しい服装の掲示をしている．

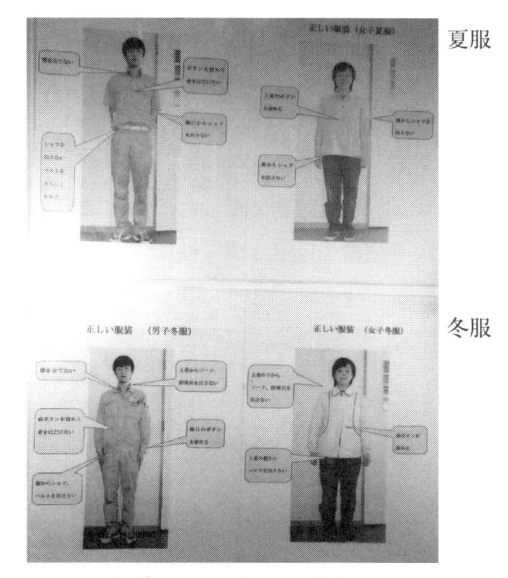

写真 1.45　正しい服装

　汚れた作業服，帽子，靴には気をつける．身だしなみは，私服で仕事をする場合も同じである．

　H 社では，食堂の入口に鏡を置き，身だしなみを整えるのに役立てている（図 1.11）．企業によっては，更衣室の出入り口，階段の踊り場，洗面所などに全身が映せる鏡を備え付けているところもある．

図 1.11 鏡で身づくりを確認

（3）清潔な流し台（第1章図1.10参照，p.49）

写真 1.46 は，S 社の給湯室の清潔な流し台である．食器を拭くふきんと流し台を拭くぞうきんの置く位置を変え，取り違えることのないようにしている．なお，壁に掛けている流し台を拭くぞうきんは，吊すとより衛生的となる．

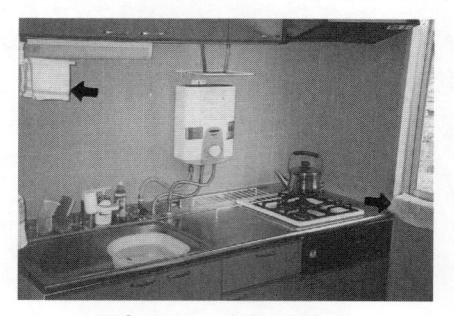

写真 1.46 清潔な流し台

（4）清潔なトイレ

小便器に樟脳を入れたり，トイレに防臭剤を置いてあるのを見かけることがある．本来，水洗トイレは臭いのない場所である．

S 社では従業員がトイレ掃除をする．ピカピカで臭いはない．写真 1.47 に

3. 新5Sの定義

示す三角折は，従業員が話し合って，トイレを使う前に必要量を取り，三角折をしてから用をたす．後から使う人への「思いやりの心」が培(つちか)われる．

写真 1.47 トイレの三角折

3.5.2 ガラスには張り紙をしない

(1) ガラスは文明の利器

事務所を一目見てきれいに感じるには，ガラスに張り紙をしないことである．ガラスは透明であり，採光，冷房，暖房で私たちを快適にしてくれている文明の利器である．紙でふさいではいけない．ガラスに張り紙をするかしないかは，部屋の広さ，張り紙の数にもよるがその人の感性が分かる（写真1.48，写真1.49）．

写真 1.48 張り紙で中が見にくい 　　**写真 1.49** 張り紙で外が見にくい

(2) 張り紙の裏が見苦しい

　ガラスの張り紙を裏から見ると見苦しい．中が見にくい．中からは外が見にくい．車内から張り紙のため駅名が見えず困ることもある．はがした後にテープの切れ端がこびりついたり，テープをはがした後の「のり」にほこりが付着して黒くなって見苦しい．テープをはがした後は切れ端や「のり」までとる．

(3)　張り紙は自己満足にならないこと

　「ドアを閉めろ」とドアのガラスに張り紙をしている．理由は目につきやすい位置だからという．しかし，それは本人の自己満足で，関心のない人は見ていない．"見えれど見えず"である．試しにお札を見ないで1,000円札の表のデザインを描いてみよう．

　大部分の人は描けない．お金には関心はあるが，デザインには関心がないからである．毎日，お世話になって見ているお札でも，関心がなければ見ていないのと同じである．まさに心ここにあらざれば見れども見れず，聞けども聞こえずである．

第2章

間接部門の
新5S活動の必要性

第 2 章　間接部門の新 5S 活動の必要性

　この章では，製造業の間接部門における人づくりとムダ取りをするため，まず間接部門の業務についての再認識，ムダの多い間接部門こそ新 5S (5S) が必要なのに，なぜ関心が薄く活動が低調かにつき解説し，その改善の目のつけどころに必要な「気づき」の大切さについて述べる．同様に，直接部門の現場事務所はじめ非製造業の間接・直接部門で一緒に仕事をしている事務所，あるいは利益追求に直接関係のない自治体も類似することが多い．参考にして「気づき」の重要性に気づいていただき，改善できることから行動に移してほしい．

　現在，間接部門の環境は，IT[*1]化の進展により，事務所のレイアウトをはじめ，仕事の仕方，処理される情報の内容などが大きく変わってきている．この環境の変化に伴い，

① 仕事量は増えるのに人が減らされる傾向にある．
② ISO[*2]の取得により社内標準書が増え，それに伴いファイル数も事務作業量も増えている．
③ 社内標準書作成のため打合せや会議に膨大な時間を費やしている．棚に並ぶファイルの数がそれを物語っている．
④ OA 機器や周辺機器が増え，それに伴い操作方法の習得，機器のメンテナンス[*3]工数も増えている．また，メンテナンスの技術レベルも生産現場の機械・設備と同じように高度化している．
⑤ 材料も，従来のコピー用紙のほかにインクジェットプリンタ用紙をはじめ，印刷用紙の種類やインクカートリッジなども増えている．

など，増えることが多い中で，減る傾向にあるのは人だけである．ではどのように対処するか，その方策は今までの仕方を変えるか，ムダ取りをするしかないのである．

　そのために，人質（じんしつ）が重要となってくる．すなわち，これらの諸問題を解決す

[*1] IT (Information Technology)　情報通信技術．コンピュータやデータ通信に関する技術を総称的に表す言葉．
[*2] ISO (International Organization for Standardization)　国際標準化機構．
[*3] メンテナンス maintenance とは，道具，機械・設備あるいはコンピュータやサーバを維持・整備すること．

1. 間接部門とは

写真 2.1 パソコン主流の事務所

る方法（手段）としては，人の心（心掛け）を養成し，一人ひとりが能力を高め今までやってきた仕事の仕組み・仕方・考え方を変えたり，改善でムダ取りをするのに，これから述べる新 5S 活動が効果的である．

1. 間接部門とは

業界における間接部門と直接部門の分け方は多様である．

間接部門とは，「モノ」をつくっている製造業に限って言えば，「モノ」をつくっていない部門をいう．すなわち，業種により部署名は異なるが，一般的に総務，経理・財務，人事・労務・教育，広報，情報処理をはじめ，「営業，企画，研究，開発，設計，生産管理，生産技術，品質保証，品質管理，工務，資材（購買），輸送（流通）」などである．

ただし，総務から情報処理まで以外の間接部門は「モノ」づくり，「サービス」について現場と直接関係している．

一方，「モノ」をつくっていない非製造業においても間接部門と直接部門は存在する．おおざっぱに言えば，デパートやスーパーマーケット，コンビニエンスストアなどでは，仕入れ，総務，経理，人事などが間接部門で，販売が直接部門であろう．鉄道などは，本社が間接部門で，運行，駅関係，保線などが直接部門になると思われる．

防衛省では，背広組が間接部門（スタッフ）で制服組が直接部門（ライン）ということになる．

> **参考　第2章の用語の説明**　　　　　　　　　　　　　　　　*column*
>
> - 間　　接：間に何か仲立ちがあり，それを通して行われること．
> - 直　　接：①間に何もはさまずに接すること．②他のものを通さず，じかなこと．
> - 部　　門：区分けした一つの部類．
> - スタッフ：その顔ぶれ．陣容．また，部員．staff.
> - ラ イ ン：系列にある人．⇔スタッフ．line.
> - 事　　務：事業経営に必要な庶務．主として机の上で処理するような仕事．ビジネス．「事務員」「事務所」．
> - 現　　場：①物事が現在行われている，または実際に行われた，その場所．「事故の現場」．②実際に作業している場所．「工事現場」．
> - ファイル：書類ばさみ．それに，書類・新聞（の切抜き）・カタログなどを（整理して）つづり込むこと．
> - 文　　書：文字によって，人の意思を書き記したもの．書きもの．もんじょ．
> - 書　　類：いろいろな文書・かきつけの総称．
> - 仕　　事：職業や業務として，すること．また，職業．
> - 作　　業：仕事をすること．また，仕事．
>
> 　　　　　　　　　　　　　　　　　　　　岩波国語辞典　第4版より

　なお，第2章の本書で用いる用語は，間接部門（スタッフ，事務所），直接部門（ライン，現場），仕事，作業，ファイル，文書，書類など多様であるが，その場に応じて日常使われている用語を用いる．

1.1　間接部門と直接部門

　① 　間接部門はスタッフと呼ぶ．

　間接部門の各部署は，独立して並行に仕事をしている．すなわち，一人の人が複数の仕事を受け持っていて，前工程，後工程といった関係は薄い．ゆえに部署間の連携は，直接部門に比べると必ずしも緊密であるとはいえない．

　ただし，先に述べたように直接部門と連携している間接部門は，連携していない間接部門より，直接部門との連携は緊密である．

　② 　直接部門はラインと呼ぶ．

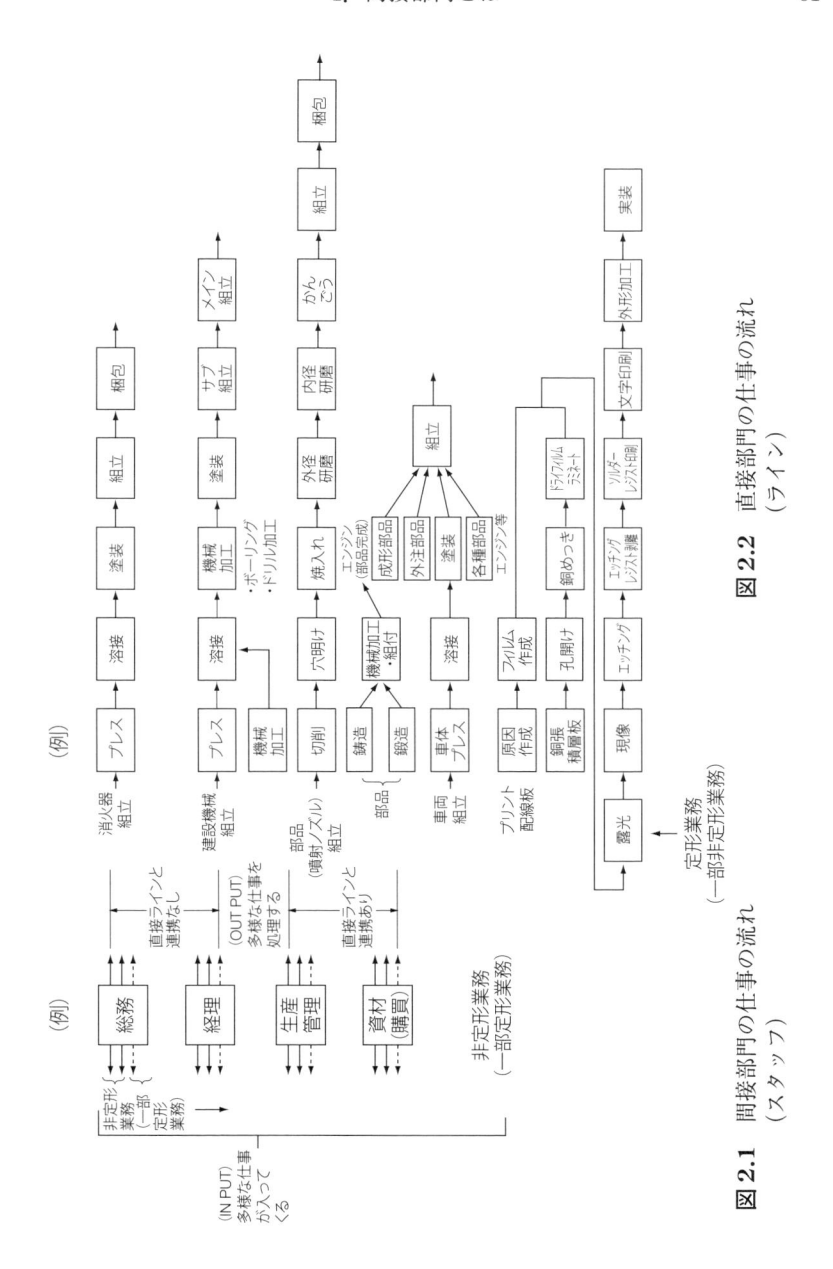

1. 間接部門とは

図 2.1 間接部門の仕事の流れ（スタッフ）

図 2.2 直接部門の仕事の流れ（ライン）

直接部門の各部署は，「モノ」をつくっている製造工程の流れの一部であるから，間接部門に比べると前工程と後工程の連携は緊密である．

また，作業（仕事）をするときの自由度を考えてみると，次のようなことがいえる．

　　間接部門　→　非定形業務
　　（スタッフ）　　　（ただし，定形業務もある）
　　　　　　　　→　直接部門（ライン）に比べ作業方法の自由度大
　　　　　　　　→　①　直接部門に比べ明確な目標がないので自分で計画を立て作業ができる．
　　　　　　　　　　②　勝手に仕事をつくる傾向がある．
　　　　　　　　　　③　個人用の情報を持つため，文書情報の保有量ファイルを自由につくる．
　　直接部門　→　定形業務
　　（ライン）　　　（ただし，共同作業が前提）
　　　　　　　　→　作業方法の自由度小
　　　　　　　　→　明確な目標が決められており，自分勝手な作業の仕方や行動は許されない．

1.2　事務所（オフィス：office）とは

企業では，主として机の上で処理する仕事を事務といい，この仕事をする場所を事務所と呼ぶ．通常，製造業の事務所は，直接部門に現場事務所もあるが間接部門に多い．非製造業の事務所は，間接・直接部門が一緒に仕事をしているところが多い．

事務所も以前は，文書作成は手書きが主で，OA機器に類するものは，電話機，タイプライタ，ワードプロセッサ（以下，ワープロ[*1]と呼ぶ），複写機，がり板刷り，オーバーヘッドプロジェクタ（以下，OHP[*2]と呼ぶ），スクリーン，そろばん，手動式計算機などであった．しかし，昔は机，電話機，ごみ箱

[*1] ワープロ：Word Prosseser（WP）
[*2] OHP：Over Head Projector

1. 間接部門とは

が3点セットだった事務所の風景は現代では様変わりした．

携帯電話（以下，ケイタイ[*1]と呼ぶ），PHS[*2]，電子式卓上計算機（以下，電卓[*3]と呼ぶ），パソコン，FAX，デジタル複合機（以下，複合機と呼ぶ），シュレッダなどOA機器が事務作業の中心となり，周辺機器も次々と開発，実用化されている．

事務所内のVDT[*4]作業も今は男女の差別はなくなった（写真2.2）．

写真2.3は，一般的に人が多いと言われる事務所に比べ，特殊な紙で世界的な占有率を持つ本社工場の人が少ない簡素な事務所の紹介である．

写真2.2　女子が戦力のVDT作業　　写真2.3　人の少ない簡素な事務所

現在は，ISOの認証により，ファイル数も過去とは比べものにならないくらい増えている．写真2.4は，中規模企業の現場事務所である．ISO関係のファイルが半分以上を占めており，まだ増える可能性もある．

写真2.5は「モノ」づくりの現場事務所でVDT作業をする管理者である．話によると実働7.7時間，その内訳は，パソコン操作3.0時間，打合せ・会議2.0時間，部下の指導1.0時間，現場巡回1.7時間とのことである．

「モノ」をつくって"いくら"の製造現場では，作業のムダ取りだけでな

[*1] ケイタイ：携帯電話
[*2] PHS：ピーエイチエス又はピッチ（Personal Handyphone System）
[*3] 電卓：電子式卓上計算機
[*4] VDT作業とは，ディスプレイ，キーボード等により構成されるVDT（Visual Display Terminals）を使った作業を言い，一般的には，コンピュータを用いた作業を指す．参考：フリー百科事典「ウィキペディア」．

写真 2.4 ISO でファイルが増えた現場事務所

写真 2.5 VDT 作業が増えた

く,「モノ」づくりに直接関係のないファイルの作成,保管,管理とそれに伴う打合せや会議時間のムダ取りもしなければならない.そのために整理・整頓が不可欠である.また OA 機器の手入れ（拭き掃除），机上や床の OA 機器の配線コードを束ねる（図 3.19 参照, p.140）などして，作業のしやすい清潔な事務所にするため常に改善をしなければならない.

1.3 間接部門・直接部門の役割と支援

ここでは，間接部門と直接部門の役割と直接部門の支援の仕方の実例について述べる.

1.3.1 間接部門と直接部門の役割

製造業で過去には,従業員をホワイトカラー職(族),ブルーカラー職(族)に分けた呼び方がされていた.ただし,非製造業や自治体には,この呼び方はない.

ホワイトカラー職とは,事務すなわち,間接部門（スタッフ）で高学歴（大卒以上）の人たちを呼び,ブルーカラー職とは,現場すなわち,直接部門（ライン）で働く人が呼ばれていた.

二つの部門の役割は,直接部門は「モノ」をつくる.間接部門は主に「モノ」づくりのラインを支援する立場に区分されていた.しかし近年,産業界では近隣諸国の追随を許さない高レベルの技術で付加価値の高い製品がつくられている.これに伴い「モノ」づくりの技術・技能もレベルアップし,現場の第

一線にも高学歴の人が配属されるようになった．また間接部門と直接部門の人事異動（交流）も活発になり，差別を感じさせるようなホワイトカラー，ブルーカラーという呼び方はしなくなってきている．

1.3.2 直接部門への支援

昔は一人の作業者が旋盤1台を使って「材料」を加工していた（旋盤工と呼ばれていた）．今は一人の作業者がNC工作機械[*1]（マシニングセンタ[*2]を含む）数台を使って「材料」を加工している．まさに隔世の感がある．ところで作業者は，「材料」を加工する以外にこれらの機械・設備の性能を維持しなければならない．

作業者の日常のメンテナンスを例にとれば，点検，給油，手入れ，調整をはじめ，職場の整理・整頓・清掃もする．作業とメンテナンスを一人でするには時間が足りない．物理的にムリがある．これらのメンテナンスや清掃作業を外部業者に委託する方法もあるが，これらの問題はできることなら企業内で相互に協力し合って解決したいものである．

今は，昔のように作業者が，1台の機械を手入れする時代ではない．しようと思ってもできない時代である．そこで「工場の財産をみんなで守る」という考えで，間接部門の人も手分けして，直接部門の人と共同で，機械・設備の手入れ，整理・整頓，清掃をするのである．もちろん，難しいことや，危険なところは専門の人にまかせる．安全第一で行う．

この共同作業により，現場の環境がよくなるだけでなく，間接部門の人が機械・設備について関心を持つようになる．そして現場の人と同じように機械・設備に感謝する心づくりができる．そのほか，間接部門と直接部門で働く人の心のきずなが強くなることが期待できる．

次にY社の間接部門（事務）の人が直接部門（現場）の人と共同で機械職場の清掃をした「SFクリーン作戦」の事例を表2.1に紹介する．Y社では，こ

[*1] NC工作機：Numerical Control Machine Tool　数値制御工作機械ともいう．
[*2] マシニングセンタ：Machining Center

第2章　間接部門の新5S活動の必要性

表2.1　間接部門と

> **SFクリーン作戦**
>
> 1. 狙い（目的）
>
> 　平成19年1月より，○○先生によるご指導のもと，新5S活動を展開中である．しかしながら，工場内を見た場合，ほとんど進んでいないのが現状である．
> 　その原因を考えた場合，工場はだれのものかということである．建屋や機械・設備は，現場で働く人だけのものではなく，工場全員の共有物であるという認識が薄いためと考える．例えば，間接部門の人が，ボルト・ナット，ゴミ等が落ちている場合，拾う姿をほとんど見たことがない．また，機械・設備等をきれいに維持しようと思っても現有の直接部門の人だけでは不可能である．
> 　ここに，直接・間接が一体になった「SFクリーン作戦」を計画するものである．
> 　なお，実施にあたっては，躾を基本として，「整理」「整頓」「清掃」を今一度初心に戻り進めていく．
>
> 2. 支援体制について
>
> | 職場名 | | 占有面積(m²) | 人員 | 占有面積/人 | 支援部門 | | 合計 | |
> |---|---|---|---|---|---|---|---|---|
> | | | | | | 部門 | 人員 | 人員 | 占有面積/人 |
> | 組立一課 | 組立係 | 867 | 13 | 66.7 | 品質管理G | 15 | 42 | 80.7 |
> | | 塗装係 | 2,524 | 14 | 180.3 | | | | |
> | 溶接課 | 溶接一係 | 1,291 | 13 | 99.3 | 生産管理G
生産技術G | 38 | 121 | 80.8 |
> | | 溶接二係 | 1,543 | 14 | 110.2 | | | | |
> | | 溶接三係 | 3,593 | 33 | 108.9 | | | | |
> | | 溶接五係 | 3,351 | 23 | 145.7 | | | | |
> | ミッション課 | 歯切係 | 1,946 | 17 | 114.5 | 第三資材G
第三営技G | 18 | 58 | 80.0 |
> | | 機械組立係 | 2,690 | 23 | 117.0 | | | | |
> | 機械課 | 機械係 | 1,928 | 17 | 113.4 | 開発部 | 33 | 76 | 55.5 |
> | | シリンダ係 | 2,285 | 26 | 87.9 | | | | |
> | プレス課 | | 3,210 | 21 | 152.9 | 建プロ | 21 | 42 | 76.5 |
> | 組立二課 | 組立係 | 4,065 | 20 | 203.3 | 管理部 | 34 | 105 | 88.4 |
> | | 塗装係 | 5,216 | 51 | 102.3 | | | | |
> | 合計 | | 34,509 | 285 | 121.1 | | 159 | 444 | 77.8 |
>
> ＊占有面積：レイアウト図より試算
> ＊人員　　：係長以上
>
> 3. 実施スケジュール
>   3.1　全体
>
> | プレス課 | H19/1 | 2 | 3 | 4 | 5 | 6 | 7 | 8 | 9 | 10 | 11 |
> |---|---|---|---|---|---|---|---|---|---|---|---|
> | 整理・整頓 | -------→ | | | | | | | | | | |
> | 清掃 | | | -------- | -------- | -------- | -------- | -------- | -------- | -------- | -------- | -------→ |
>
>   3.2　各職場
> 　　　　＊全体スケジュールに基づき，下記フォーマットにより計画書を作成し，実施する．
>
> | 設備名 | 担当 | スケジュール | | | | | | | | | | |
> |---|---|---|---|---|---|---|---|---|---|---|---|---|
> | | | H18/12 | H19/1 | 2 | 3 | 4 | 5 | 6 | 7 | 8 | 9 | 10 | 11 |
> | | | | | | | | | | | | | | |
> | | | | | | | | | | | | | | |

直接部門の共同作業

4. 実施手順
 4.1 整理・整頓について（第1ステップ）

（考え方）

　通常，会社で働く時間の内訳は，大きく分けると①「モノ」をつくるのに必要な時間（主作業時間）と②「モノ」づくりの準備に使う時間（準備作業時間）と③トイレや喫煙，雑談などリラックスするための時間（人的余裕時間）の三つに分けられる．
　このうち，「モノ」をつくらない時間（準備作業時間）を減らすための方法はいろいろあるが，だれでもできる方法が整理・整頓である．
　図1.9参照（p.41）

 4.2 清掃について（第2ステップ）

（考え方）

　"古い"と"汚い"とを誤解して清掃しない言い訳にする人がいる．言い訳は自分だけのものであり何の価値も生まない．
　第2ステップとして，清掃によって身のまわりの清楚（飾り気がなく，清らかでさっぱりしているさま）な雰囲気づくりに取り組もう．これがあってはじめて心が落ち着き，安全で，しかも効率の良い「モノ」づくりができる．

（手順）

① 作業場の清掃
　対象：床面，壁面，天井，通路，床下など．
② 機械・設備の清掃
　対象：機械・設備，治工具，計測器，作業台，コンベヤ，運搬器具，パレットなど．
　　ただし，機械・設備は，一目見て"汚れている"，"汚い"と感じられる機械・設備の外観を"きれい"にする一般的な清掃を行うものとし，保守・点検に類するものは，設備チェックシート（日常・定期）に基づき，各作業者が行うものとする．
③ 直接「モノ」をつくらない場所の清掃
　対象：部品，部品棚など．
④ 共有場所の清掃
　対象：喫煙所，ミーティングコーナーなど．
　　ただし，各職場にて行う．

> **OR 方式によるメンテナンス**
>
> 　OR とは，Operational Research（オペレーションズリサーチ）のことである．OR は，もともと軍事作戦の数学的解析を目的とした作戦研究のことで，第 2 次世界大戦［昭和 16 年(1940 年)12 月〜昭和 20 年(1945 年)8 月］の中に使われた．例えば，ドイツの英国本土爆撃の迎撃で，従来はばらばらだった迎撃を集中的にしたことにより，多くの爆撃機を撃墜し，本土を空襲の被害から守った．
>
> 　OR 方式によるメンテナンスとは，ライン・スタッフに関係なく，全従業員が役割分担をして，計画的に機械・設備のメンテナンス（手入れ），環境の改善，棚卸しや特需などで急に人手が足りなくなったラインを支援する仕方をいう．

のクリーン作戦を OR 方式によるメンテナンスと呼び，成果をあげている．

　これからの時代は，機械・設備の手入れだけでなく，一時的な増産，棚卸しなど人手を要する場合，安易に外部の人を雇うのではなく，企業内で直接部門どうしあるいは間接部門が直接部門を支援する，又はその逆の場合，協力して取り組む仕組みをつくる．そして，日ごろから計画的に相互に訓練をすることも必要であろう．

2. なぜ間接部門に新 5S が必要か

　通常，**直接部門で「モノ」づくりをする製造工程で "ばらつき" を生じさせる要因は人，材料，機械・設備，方法の四つである**．そして「モノ」づくりの基本は新 5S (5S) である．なぜ新 5S かについては，参考文献 6)第 2 章「なぜ新 5S が "モノ" づくりの基本か」を参照されたい．

　人 (Man)，材料 (Material)，機械・設備 (Machine)，方法 (Method) のことを，英語の頭文字をとり **4M** と呼ぶ．同じように，**間接部門でよい仕事をするための要因**も人，材料（例えば，PPC 用紙，インクジェットプリンタ用紙，レーザプリンタ用紙，OHP フィルム，感光紙，トナーカートリッジほ

か），機械・設備（例えば，OA機器，周辺機器），方法の4Mで**直接部門と同じ**である．

両方共に人が「モノ」をつくり，「サービス」をし，「情報」の送受信，共有をするのである．ゆえに間接部門も直接部門と同じように躾を要とした「人づくり」の新5S（躾・整理・整頓・清掃・清潔）が不可欠となる．

最近，防衛省の背広組（間接部門）の元幹部が，収賄容疑で逮捕起訴され世間を騒がせている．また，制服組も自衛隊の最新鋭イージス護衛艦の漁船衝突で背広組への連絡遅れなど，国民の信頼を失っている．いくら高い地位の人であっても，いくら最新鋭の高度な技術を持っていても，人間として心が欠落している．人づくり・心づくりの重要性を改めて考えさせられる．

また，原価低減のためにも，新5Sによる改善が必要である．企業は利益を上げなければならない．利益は，売上高より総原価を引いたものである．

   利　益　＝　売上高　－　総原価
  （儲け）　　（収益）　　（費用）

いくら売上高が多くても，総原価が高ければ利益は上がらない．改善でムダ取りをして原価を下げる必要がある．これを原価低減といい，一般的には，コストダウン*（Cost Reduction）という．

コストダウンは，間接部門，直接部門共に取り組まなければならない．

例えば，ISOの導入により，社内標準化のための文書（これを綴じるファイルも含む）が増えている．従来の手書きではこの作成に要する工数（人数×時間×枚数）は，幸いVDT作業により書く工数と労力は省けた．しかし，標準化するための打合せや会議時間は，膨大である．この標準化業務に費やす時間のために減少した，主作業（本来しなければならない仕事）時間を増やすための方法として，残業をあてにしないために改善が必要である．また，標準化作業をするためのムダ取りにも，改善が必要である．

 ＊　コストダウンは造語である．

2.1 個人情報保護法

平成17年（2005年），個人情報保護法の全面施行以降，個人情報保護に対する意識は高まっている．この個人情報の不正な流用，ずさんな文書管理を防止する方策はいろいろあるが，基本的には「人の心づくりと整理・整頓」の徹底である．

企業における機密文書，重要書類の漏えい防止も同様である．いくらセキュリティに万全を期しても，そこに人が介在する限り，完璧はない．旧約聖書に創造主が人をつくられたと記されているが，つくられた人間はすべて不完全だからである．

十分認識はしていても，「魔がさす」と言われるように，ふと悪い心を起こし，悪いことをする．「モノ」をつくる前に人をつくれと言われるように，至難の技であるが，正しい行為ができる人をつくることが大事である．何よりも肝心なことは，責務（義務を果たすべき責任）に対する本人の自覚である．

次に，整理・整頓を徹底することである．机上に置きっ放しの重要書類を見られたり，不用コピーの裏を使ったら，それが重要書類の裏であったり，シュレッダのかけ忘れで機密が漏えいすることがあってはならない．

個人情報の漏えい防止や機密文書，重要書類の処分のためにも，新5Sは欠かせない．

2.2 労務費の再認識

労務費に見合った仕事をする．

労務費とは，賃金［法定福利費（社会保険など），法定外費用，厚生費，退職引当金などの諸手当を含む］のことである．一般的に企業内で発生する費用で多額な費用は，「労務費」である．労務費は，間接部門・直接部門を問わず，就業時間中は，1分1秒まで支払われている．しかし多くの人は，このことに気づいていない．しっかり「整理・整頓」をして，「モノ」を探しまわったりするような，価値を生まない，ムダをしない事務所の環境をつくることが

大切である．

　通常，直接部門の生産性は，次のように成果を数値化して評価できる．

$$\text{生産性} = \frac{\text{産出量}}{\text{投入量}} \begin{array}{l} \rightarrow \text{ 生産量，生産金額，付加価値} \\ \rightarrow \text{ 労働量を用いるか，投入資本，設備，原材料，工数など諸量を用いる．} \end{array}$$

　ところで，間接部門の生産性について，投入量は上記の諸量を用いることができるが，産出量については，何にするかの判断が難しいのが現状である．

　近年パソコンの登場で「仕事という仕事をしなくても」パソコンに向かっていれば時間は消費できる．仕事と関係のない個人メールやホームページを見ていてもである．この時間の消費は価値を生まないので労務費のムダ遣いになる．

　パソコンの出現により「見える化」の反対に「見えない化」が進んでいるといわれる．現在，システムで部下のディスプレイを管理することが可能であるが，そういったシステムを持たないところでは，忙しい管理職がいちいち部下のディスプレイをチェックすることは困難であろう．部下は善い心を持ってパソコンに向かっているという性善説でありたいものである．そのためにも躾による「心づくり」が不可欠である．

機会損失 opportunity loss　　　　　　　　　　　　　　　　　*column*

　仮に投資に関した複数の案があるとき，そのどれかを採用することにより犠牲にせざるを得ない損失（価値）をいう．広く考えると，ある事故が発生した場合，それがなかったら得られたであろう利益をさすこともある．例えば，毎月 PPC 紙（コピー紙）のムダが 1,000 円であったとする．コピーの仕方を改善してムダがゼロになった場合，1,000 円の利益をあげたことになる．改善提案制度の効果金額の算定などで目安の効果として用いられている．

　　参考　店舗のコピー機でコピーすると，コピー用紙は A4 サイズ，B5 サイズ，B4 サイズは 1 枚 10 円である．コピーミスをしないよう，心掛けが大切である．（平成 20 年 4 月現在）

2.3 管理者は時間をつくれ

ご存じのように管理者は，部下を使い育てながら目標を達成する任務をもっている．部下を育てるのも任務の一つ．新5Sでは「人づくり」の手段として「ほめる」6分，「叱る」4分を基本としている．「ほめる」には，よいところを見つけるのに時間が必要である．そのためには，自分の時間をつくり，「ゆとり」を持たなければならない．一日は24時間で，就業時間も決められている．ではどうするのか．どのようにして時間をつくるのか．その方法を考えてみる．

① 自分の心の持ち方を変え，今までの仕事についての考え方，仕方を変える．
② 機能組織図，職務分掌を上手に使い，手早く部下の仕事を掌握する．
③ 打合せや会議への出席時間を少なくする．

まず①項については，第1章2.4 表1.3「心の新5S」とは (p.25)の「区分，整理とは？」を参考に実行する．

②項の機能組織図と職務分掌は，部下の仕事内容の掌握を早くして「ゆとり」の時間をつくるのに役立ち，特に管理職の異動の際などに効果的である．また，部署が機能を果たすためにどんな仕事をするか，国家検定資格などの必要の有無も記載すると，人事異動で人が変わっても人に資格がついていくことはない（図2.3，図2.4）．

特に職務分掌は，重複した仕事や不必要（不要・不用）な仕事が整理され，ムダもなくなる．

機能組織図 → 人が変わっても（異動しても），仕事は変わらない．
職 務 分 掌 → だれが，どんな仕事をしているか，分類して書く．
作業指図書 → 職務分掌に示された仕事の正しい仕方を書いたもの（実例は割愛）．

③項は，個人で会議時間を少なくすることは難しい．そこで工場全体として間接・直接部門を含め，会議時間の実態を調べ，改善して会議時間を減らす

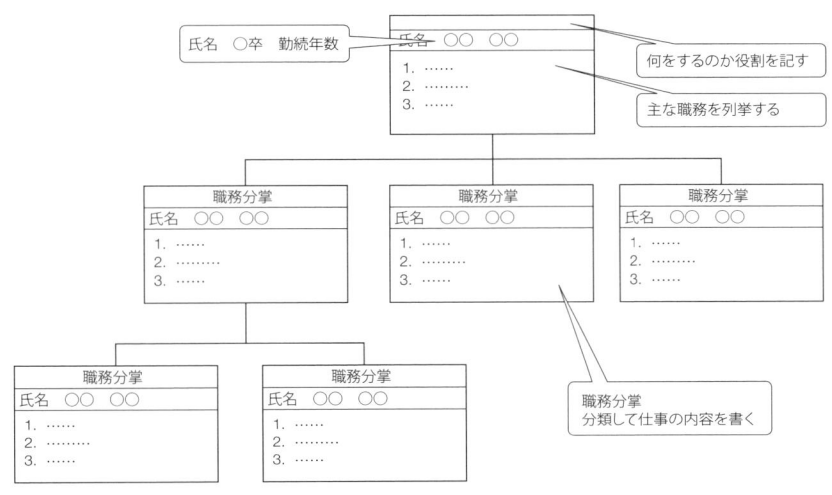

2. なぜ間接部門に新5Sが必要か　　　　　　　　　　　73

図2.3 機能組織図と職務分掌の様式

(表1.2参照, p.21).

2.4 改善による人員減対応

　企業が大きくなるとだんだんと組織が増殖し，間接部門が膨らみ，間接部門の効率化がやかましくいわれる．特に昨今はそのために間接部門の外注化（アウトソーシング：外部からの調達のこと）がはやってきている．総務，経理，人事などの仕事が外国に移されつつある．しかし，アウトソーシングの行きすぎが懸念される昨今である．

　そこで間接部門の仕事の効率アップを図るため，仕事を阻害する要因を少なくすることが不可欠となる．機能組織図や職務分掌のほかに，だれでもその気になればできる方法に，改善がある．改善は「モノ」づくりの基本である新5Sを基に工夫する．

　製造業では厳しい企業環境になると，間接人員の現場への異動とか人減らしが始まる．「モノ」をつくっていないからである．その対応の仕方には，問題を原理・原則で判断する5ゲン主義による改善や小集団活動による改善がある．

第2章　間接部門の新5S活動の必要性

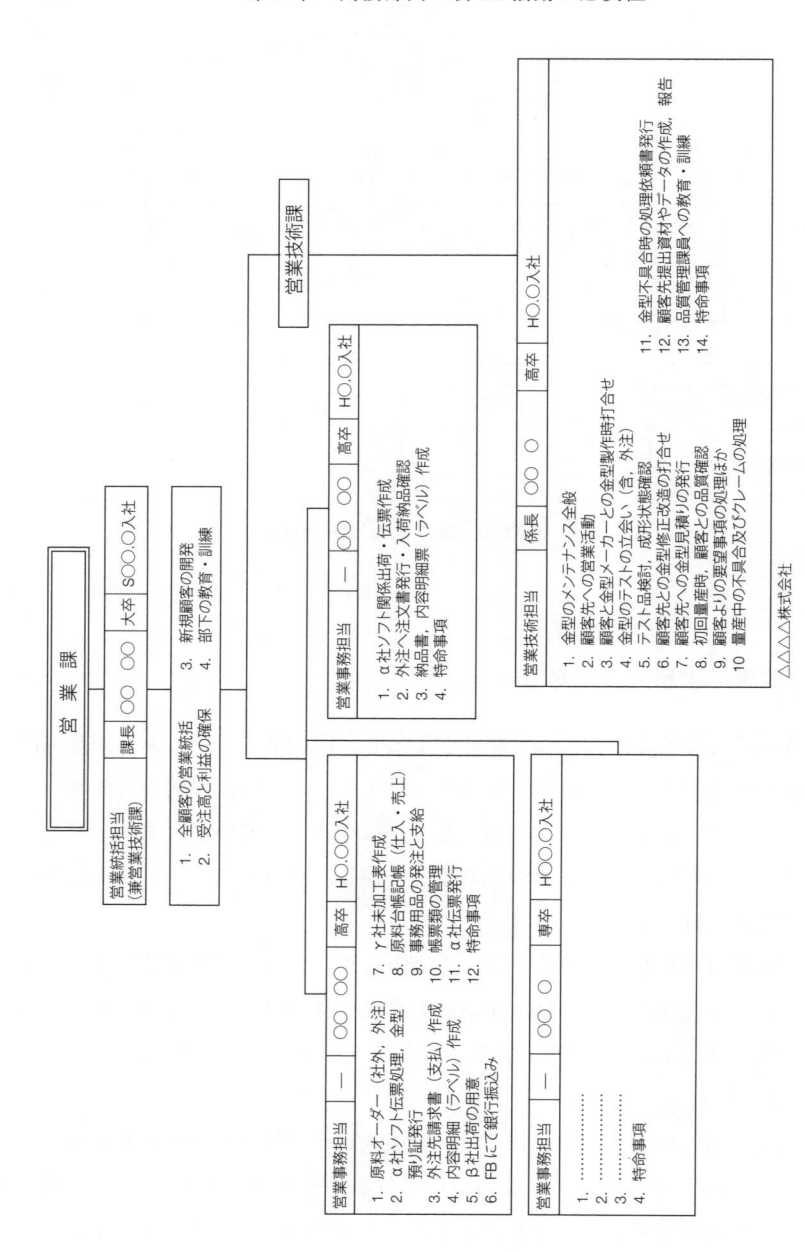

営業課

営業統括担当（兼営業技術課）　課長　○○　○○　大卒　S○○.○入社

1. 全顧客の営業統括
2. 受注高と利益の確保
3. 新規顧客の開発
4. 部下の教育・訓練

営業技術課

営業事務担当　－　○○　○○　高卒　H○○.○入社

1. α社ソフト関係出荷・伝票作成
2. 外注入注文書発行・入荷納品確認
3. 納品明細書、内容明細票（ラベル）作成
4. 特命事項

営業技術担当　係長　○○　○　高卒　H○○.○入社

1. 金型のメンテナンス全般
2. 顧客先への営業活動
3. 顧客と金型メーカーとの金型製作時打合せ
4. 金型のテストの立会い（合、外注）
5. テスト品検討、成形状態確認
6. 顧客先への金型修正改造の打合せ
7. 顧客先への金型見積りの発行
8. 初回量産時、顧客との品質確認
9. 顧客よりの要望事項の処理ほか
10. 量産中の不具合及びクレームの処理
11. 金型不具合時の処理依頼書発行
12. 顧客先提出資材やデータの作成、報告
13. 品質管理課員への教育・訓練
14. 特命事項

△△△△株式会社

営業事務担当　－　○○　○○　高卒　H○○.○入社

1. 原料オーダー（社外、外注）、金型
2. α社ソフト伝票処理
3. 預り証発行
4. 外注先請求書（支払）作成
5. 内容明細（ラベル）作成
6. FBにて銀行振込み
7. γ社末加工表作成（仕入・売上）
8. 原料台帳記帳（仕入・売上）
9. 事務用品の発注と支給
10. 帳票類の管理
11. α社伝票発行
12. 特命事項

営業事務担当　－　○○　○　専卒　H○○.○入社

1. …………
2. …………
3. …………
4. 特命事項

図 2.4 機能組織図と職務分掌の参考例

仮に5人が4人に減員されて"ぼやく"より，4人でできる仕組み，仕方を工夫して対処すればよい．改善は個人，グループで実施する．

次に，小集団活動による改善で人員削減を成功させた事例を紹介する．

E社では，間接部門（総務，企画，生産管理，品質管理，生産技術，資材）から直接部門へ17名異動することになった．E社では数年前，強制的に異動をした結果，人手不足により，資材部門の手違いで欠品が多発して生産に支障をきたした過去があった．

今回は計画的に間接部門の管理・監督職を対象に改善教育をして，グループ活動で改善をした結果，9か月後に，この異動が成功した．

(1) 改善の教育

教育の開催回数：月2回，期間：3か月

部次長対象 → 新5S及び改善の考え方を教育：10：00～12：00（2時間）

課長，係長，班長 → 新5Sと改善の考え方，グループ活動の仕方，問題点の見つけ方，アイデア発想法の教育・訓練：13：00～16：30

(2) 改善の実施

改善活動 → 期間：6か月

進め方：① まず各部署に割り当てられた人員を減らしても，仕事に支障

---

column

5ゲン主義

5ゲン主義*とは，3現（現場，現物，現実）主義に，意思決定となる2原（原理，原則）を加えたものである．5ゲン主義は，問題の本質や原因を正しくつかむ考え方である．

すなわち，3現主義「現場に行って，現物をとおして，現実を見て」考えよということで，具体的にいうと問題のある場所へ行って，自分の目で確かめ，そして判断せよということである．この教訓に意思決定の基準となる「原理，原則」を加えて「5ゲン主義」という．

*古畑友三氏（生産技術研究所長，元 京三電機株式会社社長）が提唱されている．

がないようにするには，何を，どのように改善するか目標を設定し，各グループで役割分担して実施した．
② 月1回リーダーのミーティングで各部署の進捗状況を確認した．結果として異動が原因の欠品は発生せず所期の目標を達成した．

現在，間接部門→直接部門→間接部門と人事交流がされ，両部門の協力体制が緊密になり，改善策の維持，管理，改善とともに円滑に生産が続けられている．

3. なぜ間接部門の新5S活動は低調か

通常，大別して本社を間接部門（スタッフ）とすれば，工場は直接部門（ライン）となる．ところが先にも述べたように工場にも間接部門はある．生産管理，資材（購買）などのように業務が「モノ」づくりと連携している部署と，総務，経理などのように連携していない部署とある．したがって，同じ間接部門であっても「モノ」づくりや「サービス」についての認識は，部署により若干の違いがある．

例えば，生産計画の計画ミス，資材（購買）などの発注ミスは，「モノ」づくりや「サービス」の現場に大きな影響を与える．これに対して総務，経理などのミスの現場に与える影響は小さい．同じミスでも受取り方，感じ方が違うのである（1.間接部門とは参照，p.59）．

3.1 間接部門が低調な理由

間接部門が低調ということは，新5Sのみならず，品質，安全など直接部門に比べて関心が薄いからである．その要因を考えてみる．

3.1.1 事務と現場の感情の違い

事務（スタッフ）と現場（ライン）を一緒にされては困るという考え方がス

タッフの一部にある．そのわけは，現場は「モノ」をつくっているだけだが，事務は歩きながらでも常に考えごとをしているという．要するに現場は体を使っているが，事務は頭を使っているというのである．この考え方は間違っている．なぜなら，頭を使って仕事をすることは，事務も現場も同じだからである．

　例えば，現場は一見単純な繰り返し作業をしているように見えても，一人ひとりが，より簡単に，速く，楽に「モノ」をつくる方法はないか，常に作業のムダ取りを考え，改善に努力している．むしろ事務作業のムダ取りなど，創意工夫については，現場より切実感が足りないのではないかと危惧される．一例として，企業内の改善（提案）件数が，現場に比べて少ないことからも推察できる．

3.1.2　事務と現場の切実感の違い

　事務所でお茶をこぼして書類やパソコンのキーボードを濡らしても，それを拭く動作がムダな工数になることなどあまり気にしない．

　「モノ」づくりの現場で不適合品が発生すると，前後の工程と連携しているから大騒ぎするが，事務所でコピーミス，プリントミス，書類のつくり直しをしても特に大騒ぎしない．前後の工程への影響が小さいからである．だから，ミスの内容にもよるが，ミスをしてもあまり責任を感じない人もいるだろう．

　新5Sの視点で考えると，もし現場で整理・整頓を忘れば，大事故の発生につながることもある．事務所では整理・整頓をしなくても大きな事故を起こすことはないと思い込んでいる（実際は転倒事故や，火災発生などにつながることもある）．だから，新5S，品質，安全などについての意識が低く，これらの要因についての切実感が現場に比べ欠けているのである．その結果，新5S，品質，安全などは「現場がやるものだ」，「事務には関係ない」と別の次元のように思い込んでいる人も多い．この考え方は，払拭されなければならない．

3.1.3 事務と現場のムダ意識の違い

第2章2.2労務費の再認識（p.70）で述べたように，事務も現場もそこで働いている人には，付加価値の高い仕事，低い仕事をしている人の区別なく平等に賃金が支払われている．賃金は働いていても怠けていても，支払われている．

通常，図2.2で述べたように，現場は定形業務で，目標を達成するために生産管理がされている．生産現場では，生産性を上げるため，ムダな動きをしないよう作業標準があり，それが順守されている．自分勝手な行為は許されない．自由度が小さいのである．

これに比べ図2.1のように，事務は非定形業務で，現場の人より自由度は大きい．したがって，ムダも多くなる．特例と思いたいが，就業時間中，私用で自動販売機でペットボトル飲料を買って戻る人を見かけたことがあるが，ムダな動作である．このように時間に関する感覚の甘さ，ムダを意識しない仕事の取組み方も，新5S活動が低調な原因の一つであろう．

3.2 「気づき」が大事

新5Sは，「気づき」を気づかせるモチベーション（動機づけ）の活動と言っても過言ではない．

ここで間接部門の新5S活動が低調な理由を考察してみる．その低調な原点は「気にならない」からである．

① 気にならない．だから
  → 気づかない．だから
  → 考えようとしない．
② 気づいてもやろうとしない．
  → やろうとしてもやりにくい．教養がじゃまをする．目立ちたくない．
③ 気づいてもできない．
  → 新5S活動ができる雰囲気ではない．反対したり無関心[*]の人が多

---

[*] 無関心とは，そのことに関心・興味がなく，気にもかけないこと．

3. なぜ間接部門の新5S活動は低調か

い．仕方を知らない．

事務所内で「気にならない」視点から作業態度・動作，環境を，新5Sの区分ごとに観察してみる．

(1) 躾
- 立場の違いに気づいていない（教える立場，指導する立場，例：学校の乱雑な教員室）．
- 挨拶，お辞儀，言葉づかい，態度が気にならない．
- 重複作業が気にならない．
- 作業中の談笑や無駄話が気にならない．
- 作業中の飲食が気にならない．
- 作業中の無断離席が気にならない．
- いすに書類を置いたり，衣類を掛けていても気にならない．
- ムダな動きが気にならない．
- 筆記具を紛失しても気にならない．
- 事務作業の工数が気にならない．
- 入社以来，教えられたことがないので気にならない．

(2) 整理・整頓
- 机，キャビネット上に書類が山積みになっていても気にならない．
- 机上に「モノ」が多く，書いたり作業するのに面積が狭くても気にならない．

写真 2.6　机上の書類が多い　　写真 2.7　ガラスの裏側が見苦しい

- 机の引出し，キャビネットの中，ロッカーの中の乱れが気にならない．
- 机の周りや下に「モノ」が置いてあっても気にならない．
- ファイルや書類を探す時間が長くても気にならない．
- 本棚の書籍が乱雑になっていても気にならない．
- 不要な引き戸，ロッカーの扉の開閉頻度が気にならない．
- 事務所のごみ箱が多くても気にならない．
- 床に紙くずが落ちていても気にならない．
- 壁やガラスの張り紙が気にならない．
- 通路に「モノ」が置かれていても気にならない．
- 看板，額，時計，カレンダーなどの傾きが気にならない．

(3) 清掃・清潔
- パソコン（デスクトップ）裏側の配線コードに積もっているほこりが気にならない．
- 床のOA機器の配線コードのからみやほこりが気にならない．
- ファイル，カードケース（クリアケース）などの汚れが気にならない．
- ドアの取っ手（ノブ），電話機の手あかの汚れが気にならない．
- いすにくくりつけた座布団やひざ掛けの汚れが気にならない．
- 床にファイルや書類を置いての仕事が気にならない．
- 指にツバをつけて紙をめくっても気にならない．フィンガーキャップ（指サック）を用いる．
- キャビネット，ロッカーの汚れが気にならない．
- 床に水がこぼれていると滑って危険だが気にならない．
- 照明器具がほこりで汚れているのに気にならない．
- ガラス窓や桟のほこり，鏡の曇りが気にならない．

図 2.5 いすの座布団

- 観葉植物の葉がほこりで汚れていても気にならない．
- 会議室，応接室のテーブルやいすの汚れが気にならない．
- 給湯室の流し台，食器の汚れが気にならない．
- 給湯室にゴキブリのフンが落ちているのに気にならない．
- 喫煙所の灰皿いっぱいの吸い殻が気にならない．

3.3 「気づかせる心」をつくる試み

気にならない人には，気づいてもらう，気づかせることが大切である．

言って聞かせてやって見せても，その人に「気づきの心」がなければ何にもならない．「気づきの心」があれば，いちいち言われなくても人の話を洞察し行動ができる．「気づかせる心」をつくるには，教育・訓練しかない．しかし，人間には性分（生まれつきの性質）があり，なかなか難しい．大人の性分を変えようというのだから，困難なことには違いない．ではどんな方法があるか？

(1) 人を見て法を説け

何ごとも気にならない人を，気づく人にするには，問題に遭遇したら，その都度，教えることが大切である．後からまとめて教えるのでは遅い．

本人に人の話を素直に聞ける度量があれば，その人の習性となり，何ごとにも気がつく人になる．しかし，人の話を聞き流したり，上の空*で聞いたり，反発する人には効き目はない．"人を見て法を説け"でまず本人の話を辛抱強く聞くことが先決で，これにより相手の心を開かせることもある．その結果，人の話を聞くことができる人になる［第1章2.3「叱る」コツはまず「ほめる」(p.20)の文中の相手に受け入れさせる技術参照］．

(2) 掃除をする

掃除は，「気づきの心」をつくる動機づけの一つである．拭き掃除は，対象とするものに10〜30cmくらいまで近づいて見るので，普段，気づかない汚れや傷み具合など，小さな異常にまで気づくようになる．その気はなくても

---

* 上の空とは，ほかのことに心が奪われて，そのことに注意が向かない状態．

いや応なしに気づくようになる．すなわち，「気づき」の心が芽生えるのである．目線を下げて拭く，磨く動作は謙虚な心づくりの役に立つ．

　掃除はトイレ掃除が効果的である（第1章1.1新5Sの目的参照，p.14）．ここで，トイレ掃除について，抵抗を感じる人やご存じない人，関心のない人もいると思うので，簡単にトイレ掃除について紹介する．

　トイレ掃除は，一部の企業で新入社員教育のプログラムに組み入れている，あるいは普通の研修などで実施されているところもある．

　そのほか，従業員の「心づくり」，「人づくり」の教育の一環としてトイレ掃除を就業時間中にしたり，就業時間外に自主的にしているところもある．トイレ掃除を従業員がする企業も増えていると聞く．創業者自ら行っているところもある．

　現在「トイレを磨いて心を磨こう」と，トイレ掃除や早朝清掃が学校，公園，駅，繁華街などで，毎月，百数十団体が活動しており，今や大きな国民運動に発展している（写真2.8～写真2.10）．自律心を養い，現世の乱れた人の心を癒し，荒んだ社会の治安に役立つであろう．

　トイレ掃除は，狭いところで便器の隅のわずかな汚れまで見つけてきれいに拭き取る．人の嫌がる掃除を頭を下げ，両手を汚し，一所懸命，汗をかいて掃除をすることを続けていると，自然と素直な心になり，「気づきの心」が生まれてくる（これは筆者の体験でもある）．何事にもよく気がつく人になると，そ

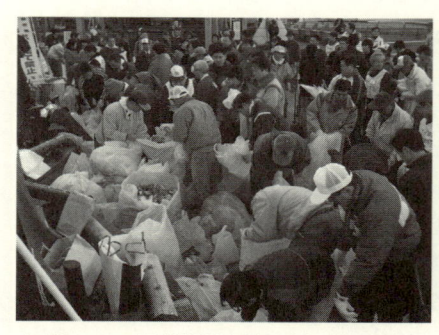

写真2.8　早朝掃除風景（東京・新宿）　　写真2.9　掃除に学ぶ会のトイレ掃除

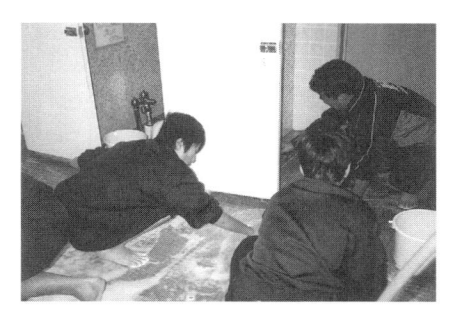

3. なぜ間接部門の新 5S 活動は低調か

写真 2.10 中学校のトイレ掃除（12 月）

の行動はだれからも信頼され，好かれる人にある（表 1.1 参照，p.16，日本を美しくする会）．なお，トイレ掃除の場合は，感染症の予防・対策に心がけること．

（3）発想技法を応用する（連想法）

人の話や指示をそのまま聞くのではなく，その話や指示の意味を洞察する，気づかせる訓練に役立つアイデア発想法を紹介する．

人間の頭は，ある刺激を受けると，何らかの意味で，その刺激と関係を持った事柄を思い浮かべるものである．このいろいろな出方（思い浮かんでくること）をまとめたものを連想の法則という．

その 1　接近連想の法則

対になっている物の一方が出現することによって，他の物を思い浮かべることをいう．

例えば，たばこ→ライター，たばこ→灰皿，机→いす，掛け軸→床の間．

また，飲酒運転→交通事故，交通事故→救急車，救急車→病院といった原因と結果になっているものを因果連想ともいう．

図 2.6　接近連想

その 2　類似連想の法則

意味の内容が類似した物の一方が出現することによって，他の物を思い浮かべることをいう．

例えば，子犬→子ネコ，牛→馬，鉛筆→ボール

図 2.7　類似連想

ペン，トラック→バスなどの連想をいう．

その3　反対連想の法則

反対の関係にある物の一方が出現することによって，反対の物を思い浮かべることをいう．

例えば，天→地，火→水，昼→夜，北極→南極と反対の物の連想をいう．

図 2.8　反対連想

(4) 比べ，考えさせる

① 気にならないということは，知らないということもあるが，比較する物がないからで，現在の常態が正常だと思い込んでいることが多い．

例えば，ほうきをヒモで吊している（写真 2.11）．別に昔からしていることで何の変哲もない．正常である．ここで考えてみよう．ヒモが切れたらどうするか，修理する．ヒモを切れない材質にするアイデアもある．本人は気にしていないし，これでよいと思っている．このような場合は，他人が気づいたことをすぐに指摘しない方がよい（必ず理由があるので気をつける）．相手の感情を傷つけ「気づきの芽」を摘み取るおそれがあるからだ．このような場合は，まず相手の話を聞く．その後でヒモの切れないアイデアを話して「気づかせる」ことが大切である．

写真 2.11　ヒモで吊るしたほうき

例えば，アイデアとして，図 3.14 ほうきの柄の吊し方（p.135）のように，ほうきの柄に穴をつける（あける）．フックや釘に差し込む．ヒモ

が切れ，手直しする工数がなくなる．ほうきが取りやすく戻しやすくなる．柄の高さがそろって見ばえがよくなるなど，「気づかせる」ことが大切なことである．

② 正常であると，気にもしていない感覚を変えさせることが大切である．その方法としては，他企業のきれいな事務所，清潔な社員食堂，トイレなどの現場を見学することで認識させ，関心を高めさせる．

　このように，すぐれた他の企業と比べて「気づかせる」ことも教育方法の一つである．気づけば自分は何をすればよいか，事務所をどうすればよいかと次々と考え，改善するようになる．

3.4 「できない」言い訳

言い訳の上手な人がいる．これは自分を正当化しているのにすぎない．相手に嫌な思いをさせるだけで，何の価値も生まないし，自分の人間性を相手に見抜かれていることに気づくべきである．

よく耳にする"やろうとしない"，"できない"という言い訳の例を次に列挙する．

- ・2S（整理・整頓）もできないのに新5S（5S）などできるわけがない．
- ・目立つようなことはしたくない．
- ・いくらやってもみんながしないので，あきらめている．
- ・上司にやる気がないのでできない．
- ・上司に整理・整頓が，なぜ必要かの認識がない．
- ・いくら部下に話してもやってくれない．
- ・先輩たちが，今までやってきたことを変えることに反発する．
- ・時間がない，暇がない．やる気がない．

これらの言い訳に共通することは，いずれも自分がしない理由を，他人の責任にしているのにすぎない．このことに気づいていない．できないと言うのは，本当にやる気がないからだ．"できない"と思っているのに，できるはずがない．まず，"できる"と信じることである（表2.2）．

表 2.2　出来る．出来る．出来る．

> 出来る．出来る．出来る．
> 出来ると思えば出来る．
> 出来ないと思えば出来ない．
> 出来る．出来る．出来る．
> 　　　　　　　　後藤清一*

*元 三洋電機株式会社 副社長（1906–2003）

　勇気を出して一人で率先垂範[*1]するもよし，みんなと話し合って実行するのもよし，とにかく一歩前に踏み出すこと．一つでも実行することが肝要である．熱心に取り組めば，必ず道は開けていくものである．

3.5　ムダについての認識（関心度）

　我が国では，Qualityという言葉を品質と訳し，Quality Controlを品質管理[*2]と呼び，戦後の社会に定着している．ところで，Qualityの語源はラテン語で"質"，"でき映え"の意味があるという．

　事務所で書類一枚つくるにしても，書類の仕上がり状態を"品質"というより，書類の"質"，"でき映え"と言った方がぴったりくる．書類づくりもムダをなくすには，いつも"質"や"でき映え"を考えて仕事をしなければならない．

　事務作業の現場をよく観察するとムダが多い．ムダの定義は諸説あるが，ここでは価値を生まないものとする．例えば，電話をするのが目的なら，電話帳などで相手の電話番号を探すのはムダである．ファイルを歩いて取りにいく，ファイルを探す，使ったら戻しにいくのはムダな動きである．就業中に行き先不明の人を探しまわるのもムダである．

　利益を上げている製造業の「モノ」づくりの作業現場では，定位置作業が原

[*1] 率先垂範：皆の先に立って物事をすること．
[*2] 品質管理：買手の要求に合った品質の品物又はサービスを経済的に作り出すための手段の体系．品質管理を略してQCということがある．（JIS Z 8101）

則である．作業中は歩かない．歩いても「モノ」はできない，価値を生まないからである．一歩 0.5 秒として 1 万歩歩けば約 1.39 時間となる．現場では，毎日毎日が改善の積み重ねである．しかし，事務所の人で「歩くムダ」を考える人は少ない．歩くムダより，もっと大きなムダがあるだろうと頭だけで考え，何もしない人もいる．

　歩くムダと言えば病院でもカルテや薬などを歩いて運ばない．天井を台車を使って運んでいる（写真 2.12）．写真 2.13 は，取引業者と簡単な打合せをするとき，ムダな時間を省くため使う立ち机である．横の観葉植物が気分をなごませてくれる．

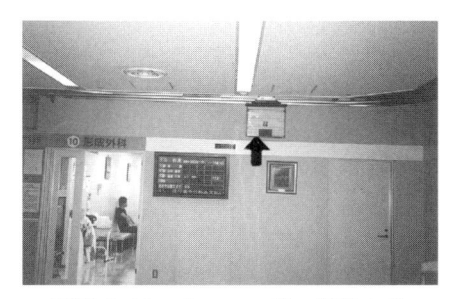

写真 2.12 カルテ，薬の運搬台車　　　**写真 2.13** 業者との打合せ用立ち机

　現場で働く人は，創意工夫に喜びを感じているのである（第 2 章 3.1.1 事務と現場の感情の違い参照，p.76）．このように現場では，徹底的に「ムダ」を省いて「モノ」づくりがされている．

事務所は「宝の山」である．

　新 5S の実践から「心をつくる」ことができれば事務所は宝の山であることに気づくはずである．このムダな時間のコストは膨大である．つまり，事務所にはムダがあるだけ原価低減の余地がある．まさに宝物である．

　ムダ取りをすることで仕事の質の向上や事務の生産性を高めることが原価低減に貢献することになる．

　原価低減の究極は，間接部門，直接部門に関係なく「人のムダ」をなくすことであるといっても過言ではない．

次に，間接部門では，日常どんなムダが発生しているかの事例を列挙する．

① ファイル（書類）を探すムダ
  ・ファイルの数が多い．
  ・書類の持ちすぎ．
  ・保管場所が分からない．分かりにくい．
  ・個人持ちのファイルが多い．
  ・ファイルの背表紙の表示が分かりにくい．
  ・引き戸，ロッカーの扉の開閉の頻度が多い．

② 場所，置き方，取り方に関するムダ
  ・価値を生まない「モノ」の床面占有率が大きい．
  ・決められた場所に「モノ」がない．
  ・先入れ，先出し*がされていない．
  ・置く位置の表示，標色が分かりにくい．
  ・使う頻度を考えず，適当な場所や位置に置いている．

③ 事務用品，消耗品のムダ
  ・事務用品，消耗品が使い放題である．
  ・筆記具の持ちすぎ．
  ・筆記具の紛失が多い．
  ・すぐに買える物まで在庫する．

④ 資料のムダ
  ・配付資料が多い．配付資料の重複．
  ・文書ミスによるつくり直し．
  ・つくらなくてもよい資料をつくっている．

⑤ 印刷物のムダ
  ・パソコン操作不慣れによるプリントアウトミス．
  ・打ち間違いによるプリントアウトミス．
  ・プリンタによるプリントのしすぎ．

---

* 先入れ，先出しとは，先に入れた「モノ」が先に出せるような置き方をすること．

- メールで配信しているのに個人用にプリントアウトする．
- コピーミスやコピーのしすぎ．
- 簡単に修正できるのにコピーをやり直す．
- コピーの順番待ちのとき，仲間との無駄話．
- 印刷用紙の在庫が多い．

⑥ 会議のムダ
- 不要な会議が多い．
- 突発的な会議が多い．
- 遅刻者のため開会が遅れる．
- 欠席者が多く流会する．
- 会議時間が伸びる．

⑦ 転記のムダ（パソコン時代では少ないが）
- 文書作成ミスの書き直し，打ち直し．
- 原稿を清書する．

⑧ 電話，FAX，eメールのムダ
- 会議出席者への出欠確認の電話
- 私用の電話（ケイタイ），個人メールをする．
- eメールでよいのにFAXする．
- 机の目の前にいる人にeメールする．
- 受信，発信のミスをする．

⑨ 報告，連絡のムダ
- 報告，連絡ミス．
- 連絡が不在者のところで止まっている．
- 必要な部署に報告・連絡が届いていない．
- 同じ報告を複数回する．

⑩ 行き先不明のムダ
- 行き先が分からず探しまわる．
- 行き先を告げずに離席する．

⑪ 歩くムダ
 ・会議場所が離れている．
 ・忘れた資料を取りに戻る．
 ・掃除道具の置き場所が離れている．
 ・手ぶらで，ゆっくり歩いている．
 ・保管，保存する「モノ」の置き場所が離れている．
⑫ スペースのムダ
 ・階段の下，部屋の隅を使っていない．
 ・平置きをしている．ただし，積み上げるときは，高さを標示する．
 ・「モノ」が直角，水平に置かれていない（例外もある）．
⑬ エネルギーのムダ
 ・待機電力*の節電をしていない．
 ・冷暖房のしすぎ．
 ・電源スイッチの切り忘れ．
 ・休憩時間中の照明．
 ・休憩時間中のトランプゲーム遊び（仕事以外のソフトは削除する）．
 ・就業時間中に仕事外のホームページなどを見る．
 ・蛇口からの水漏れ．
 ・エアー漏れ．
⑭ けがによるムダ．
 次節3.6 安全・衛生についての認識参照．
⑮ その他
 トラブルによるムダ．

3.6 安全・衛生についての認識

直接部門では，安全・衛生に対する関心は非常に高い．特に安全について

---

* 待機電力とは，リモコン入力等の操作に備えて待機する間に電気機器で消費される電力のこと．参考：フリー百科事典「ウィキペディア」．

3. なぜ間接部門の新5S活動は低調か

は,「安全第一」と言われるように,災害は品質,コスト,納期に影響するから災害ゼロを目指して,KYT(危険予知トレーニング)をしたり危険箇所の改善に真剣に取り組んでいる.

間接部門では,安全について意識の低い人が多い.「間接部門での災害の発生率が低いので,けがは起きない」と思い込んでいるようだが,これは誤解である.間接部門でも赤チン災害(赤チンを塗ったり,キズテープを張る程度のけが)は,たびたび発生している.間接部門の人が,現場でけがをすることもある.けがはムダの範ちゅうではない.命にかかわることがあるからである.以下に,どんなけがが発生しているかの事例を紹介する.

- カッターナイフの刃で指を切った.刃先で指を突いた.
- ペンスタンドで芯の出ているシャープペンで指を突いた(図2.9).
- Pタイルの床に水がこぼれていて,滑ってころんだ.
- 床に置いてあった物につまずき,倒れた.
- 床面のOA機器の配線コードに足を引っ掛け転倒した.

図2.9 ペンスタンド

- 通路側のロッカーの戸を開いたら通行中の人にぶつかった.
- ドアに押,引の表示がないため,開けたときに人がドアに当たった.
- キャビネットにストッパーがないため,引出しを引いたらキャビネットが前に倒れてきた(図2.10).
- いすのキャスター(車輪)の回転がよいため,座り損ねて転倒した.
- ハイヒールをはいていて,つまずいて階段から転落した.
- ポケットに手を入れていて,階段で足を滑らせ転落した.
- ロッカーの上に置いてある文書保存箱を取るため,いすの上に立ったところ,いすが動いて,バランスを失い,落ちた.
- 給湯室で大きな"やかん"の取っ手が外れ,熱湯で手に火傷をした.

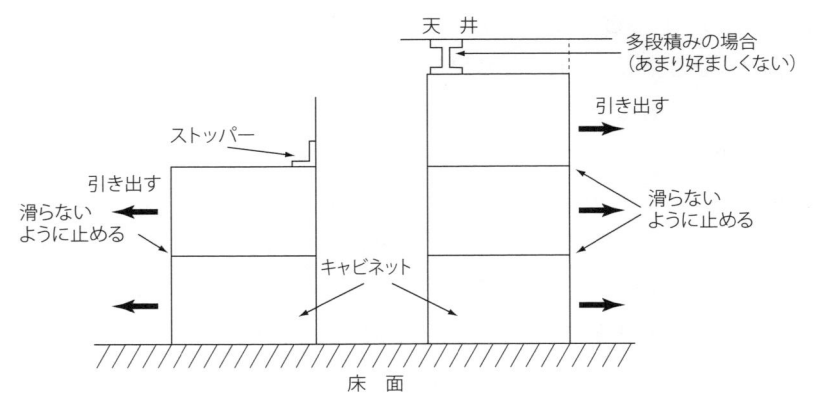

図中:
- 天井
- 多段積みの場合（あまり好ましくない）
- ストッパー
- 引き出す
- 滑らないように止める
- キャビネット
- 床面

備考　キャビネットの床面を滑らないようにする方法もある．

図 2.10　キャビネットのストッパー

・流し台でガラスのコップを洗っていて，ガラスが割れて指を切った．
・スプレー缶に穴をあけないで焼却中，爆発して顔に火傷をした．
　これらのけがは他人ごとではない．明日は我が身かもしれない．お互い気をつけたいものである．

第**3**章

間接部門の新5S
実践のポイント

この章では，製造業の間接部門の新 5S 活動を進めるにあたり，まず事務所のマンネリ化防止のため，事務所の「モノ」の置き方の状態が正常か異常かが分かる簡単な基準づくりの例と，ムダの少ない清潔な事務所にするため，すぐこの活動が実施できるような事例を主として，新 5S の区分を，「躾・整理・整頓・清掃・清潔と安全」に分け，それぞれについて写真・図を多くして，考え方や改善の目のつけどころを具体的に述べる．

なお，この事例は，直接部門の現場事務所をはじめ，非製造業の間接・直接部門，及び自治体の事務所にも適用できるようになっている．

1. 事務所の位置の基準及びレイアウト

ここでは，事務所の「モノ」の正常な位置の基準，及びレイアウトの考え方と各社のレイアウト図を紹介する．

1.1 正常・異常が見て分かる基準

事務所内にある「モノ」の置き方が，正常か異常か，一目見れば分かる基準をつくる．基準がなければ管理はできないので，そのまま放置され，マンネリ化する．マンネリ化しない活力のある事務所にするためのポイントは，まず目的に合った基準をつくる．そして，Plan–Do–Check–Act の管理のサイクル[*]を回せば，事務所は活性化する．

日ごろ，事務所で見かける現象も，正常か異常か分からないことがある．基準がないからである．では，どのように基準をつくるかの事例を紹介する．

例えば，事務所入り口のマットがちょっとずれているようだ，応接室の額が傾いているようだと思っても，人により判断が異なるので，そのまま放置されていることがある．

また，事務所の床に荷物が置いてある．この置き方が正常か異常か分からないので，だれも手をつけず放置されている，といった場合を考えてみる．

---

[*] 管理のサイクルは，Plan (計画)–Do (実施)–Check (検討)–Act (アクト，処置)のこと．

1. 事務所の位置の基準及びレイアウト

前者は，マットや額の下に図3.1のような標示をすれば，だれが見ても正常か異常か分かり，管理できる．

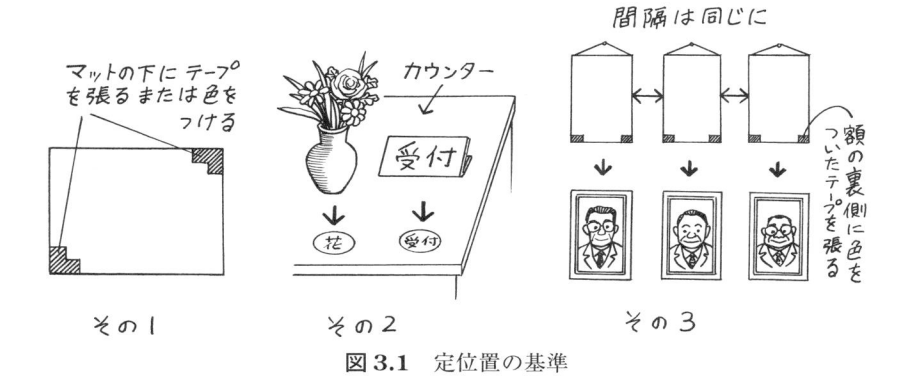

図3.1 定位置の基準

後者は，「モノ」の置き場所が指定されていれば，あるいは仕切線があれば，この置き方が正常か異常か分かり，管理できる．「気づき」とは，このような小さなことにも気がつくことから始まるのである．

特に寄り合い所帯の事務所では，だれかがするだろうと他人まかせで，整理・整頓をしない．みんなが勝手なことをするので事務所が雑然となる．そこで，各部署が勝手なことをしないためにも，基準やルールづくりが不可欠であ

写真3.1 ルールは守る
（交通事故ゼロ）

写真3.2 ルールはつくる
（空のとっくりは倒す）

る．また，お互いがそれを順守すれば，ムダの少ない整然とした清潔な事務所の出現が期待される．基準やルールは守ってこそ意味がある．基準やルールは必要があればつくればよい．必要がなくなればやめればよい．

1.2 事務所のレイアウト

事務所の人がムダな動きをできるだけしないようにするのが事務所のレイアウトである．レイアウトは，それぞれの部署の仕事の内容を勘案し，目標を決めてからしなければならない．当然のことであるが，事務所の床面積を広く使うためにも，不要な「モノ」は置かず，必要な「モノ」だけを置くのが原則である．事務所のムダ取りの基本はレイアウトである（3.7参照，p.126）．

パソコンの普及で事務所のレイアウト（配置）も変わってきた．従来は，事務所が見渡せる（見える化）が多かったが，最近は，事務所が見渡せない（見えない化）も増え，多様化している（図3.2）．

2. 躾について

2.1 挨　　拶

人間関係（コミュニケーション）の基本は話し合いである．話し合いは朝の明るい挨拶から始まる．挨拶は家庭で夫婦，親子，兄弟，姉妹から始まる．家庭での挨拶の基本型は，①おはようございます，②いただきます，③ごちそうさまでした，④行ってまいります，⑤ただいまかえりました，⑥おやすみなさい，である．

日常，勤めに出る途中でも近所の顔見知りの人に挨拶する．勤め先では，おはようございますという挨拶から一日が始まる．職場の活性化は，家庭の活性化から始まるといっても過言ではない．

挨拶は，人間関係の潤滑油である．挨拶は，相手を尊敬する，感謝をする心がなければできない．

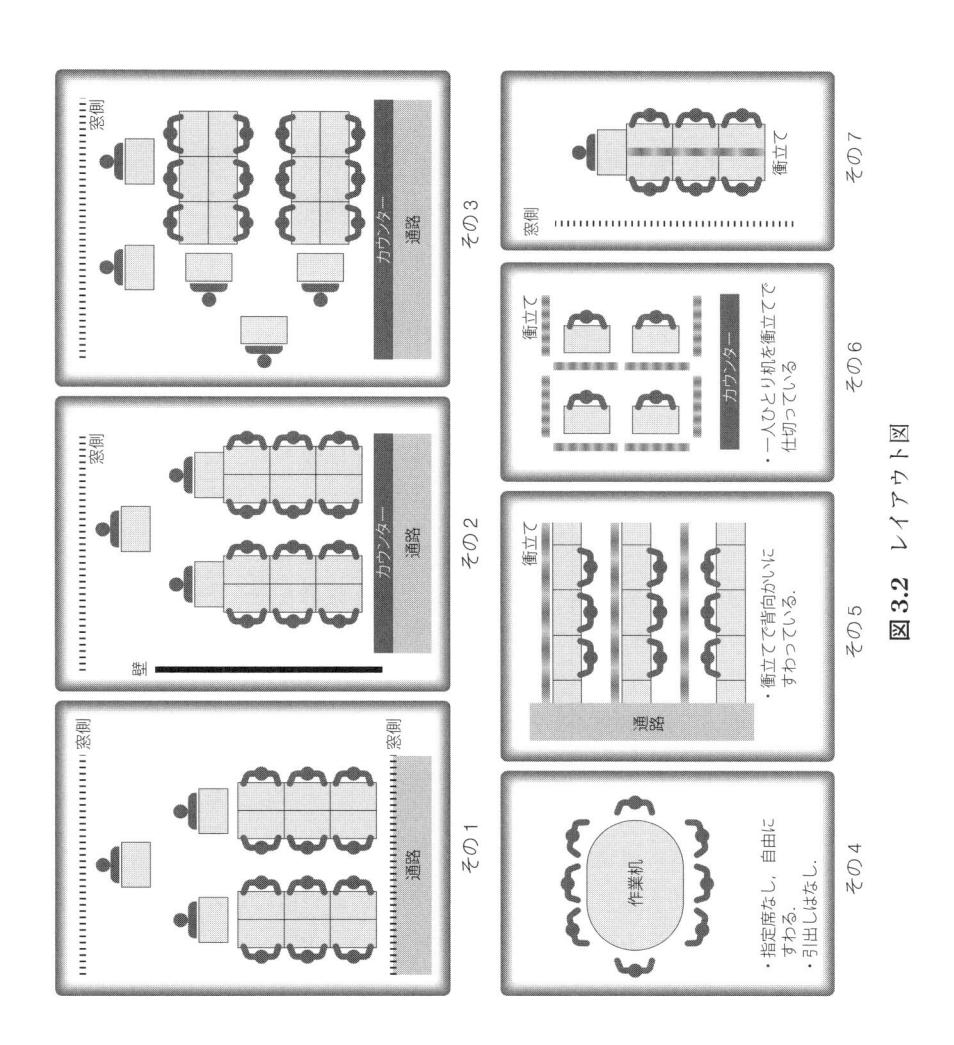

2. 躾について　　　　　　　　　　　　　　　　97

図 3.2　レイアウト図

挨拶は自分から先にするよう心掛けよう．挨拶は目下の人が先にするものだという意見もあるが，先に気づいた方からすればよい．挨拶は先手必勝である．〇〇君おはよう，〇〇さんおはようございます，と親しい人には名前を呼んでから挨拶した方がよい．

① おはようございます
  - 「ご安全に！」鉄鋼関係メーカーでは，日常の挨拶には「ご安全に」という言葉を使っている．お互いの身を気づかう心の通った温かい言葉である．

② はい*，いいえ
  - 相手に対する意思表示を示す言葉が「はい」，「いいえ」である．
  - 相手の顔を見て，はっきりと言えるようにする．

③ すみません．
  - 仕事上のミスや相手に迷惑をかけたときに使うが，何も悪いことをしていなくても日常よく使う言葉である．いつも人様のお世話になっているのだから素直に自然と出る言葉である．

④ ありがとう（関西では「おおきに」という言葉も使う）
  - お互いの行為に対して，感謝の気持ちを込めて贈る「ありがとう」という言葉ほど人の善意を感じさせるものはない．だからいつでもすぐに「ありがとう」と言えるようにする．すべてのコミュニケーションは「ありがとう」から始まる．

⑤ 失礼いたします
  - この言葉は，執務中の方に用件があるときや上司・先輩に話をする前にお断りするときに用いる．その人の前や横に立ったなら「失礼いたします」と断って用件を話す．用件が終われば，「失礼しました」，「失礼いたしました」と言って下がる．

---

* しつけの三大原則「ハイの返事」「あいさつ」「はきものをそろえる」：森信三先生(1896-1992)．戦前・戦後を通じて日本教育界最大の人物．

- 他の人が仕事中，先に帰るときは"お先に失礼します"と声をかける．

2.2 社員食堂

　人間の社会生活においては，喜びのときも悲しみのときも食事を共にして，その喜びが悲しみを分かち合うということは，古今東西（昔から今までとあらゆる所）を問わず人間社会の営みである．人間が食事を共にするということは，生理的ばかりでなく，精神的にも共通の感情を分かち合うことである．この営みがどれほど深く人間の心を温め，お互いの心の理解と友情を深めるかは，計り知れないものがある．

　毎日パソコンを見つめ，周りの仲間ともろくに口もきかない事務所内の人間関係の改善にも役立つであろう（写真 3.3，写真 3.4）．

写真 3.3 楽しい昼食　　　　**写真 3.4** 清潔な社員食堂

　食事の作法について，昔の「しつけ」は，食事のときには口をきかないで早く食べるというものであった．今は，西洋流に話をしながら，ゆっくり食事をとるように変わってきた．

　社員食堂については，食堂をつぶして「モノ」をつくった方がよい，食堂で食事をしないのは，会社への帰属意識の崩壊の表れなどという意見もある．

　一般的に社員食堂がある場合，事務所での食事は黙認されるケースもあるが，食事は認められない企業も多い[*]．そのわけは，食物のカスや飲料水の液

---

[*] 業種によってこのような事務所で食事する行為は奇異に感じるかもしれない．もちろん，社員食堂がない企業では自由に食事をとればよい．

が書類に混入したり，ついたりする．また食物，牛乳，ジュース，コーヒーなどがこぼれると，これを栄養源とする細菌やカビなどの微生物が増殖したり，ハエ，ゴキブリ，ネズミ，ネコが事務所に入ってきたりする．部屋に臭いもつく．

2.3 就業時間中の服装

就業時間中，作業服（ユニフォーム）を着るか私服を着るか．

普通企業は，安全と作業のしやすいように，かつモラール（志気や活気）を高めるために作業服が支給されている（最近では私服の企業も増えている）．私服で現場に入ると服を引っかけたりして危険である．現場で働いている作業服の人から見ると違和感があり好ましくないという意見もある．

ある大企業での話であるが，女子社員の提案で私服が採用された．数か月たって元のユニフォームに戻った．私服だと衣料費が高くつくというのが本音のようである．

2.4 私物の持込み

事務所内への私物（直接仕事に関係ない物）の持込みについて考えてみる．

① 私物の持込みを認めるか認めないかは，業種によって異なる．現場の人は，個人の机がないのでロッカーに収納する．業種によっては現場に指輪，イヤリングなどの装飾品を入れる小さいロッカーを準備しているところもある．いずれにしても事務所には，ムダな工数の発生する要因は持ち込まない．

近年パソコンの使用が事務所の仕事の主流を占めるようになり，書く作業が少なくなった．筆記に使う文房具も減ったので，業種・職種によっては，一人が1台引出しのついた事務机はいらないかもしれない．

写真3.5は，引出しのないパソコンで作業がしやすい自社製の作業机である．写真3.6は，営業グループでだれがどこに座って仕事をしてもよい作業机である．なお，個人の書類は，作業机のそばの引出しを開け

2. 躾について

写真 3.5 引出しのない自社製の作業机　　**写真 3.6** 作業机，席は自由

ずに中の書類が出し入れできるレターケースに保管している．
② いすに敷く座布団，ひざ掛けは，比較的女性に多い．座布団の持ち込みはやむを得ないこともあるので，持ち込む場合は，上司に理由を話しておくとよい．ただし，社員食堂では，自分の座布団をいすにくくりつけ，長期間私物化してはいけない．楽しく食事をするためにもお互いがマナーに気をつけよう．

　ひざ掛けをすることは，冷房のよくきいた部屋では，体調によりやむを得ないこともある．使わないときはたたんで片付けておく．いすに掛けたり，机や脇机の上に置き放しにしない．見苦しいし，その人の品格を疑われる．席を外すときは，たたんでいすの上に置く．

2.5 けじめ

　作業服や上着をいすに掛けたり，机や脇机の上に置いている．日常よく見かける事務所の風景である．

　何ごとも「けじめ」をつけることが大切である．一人ひとりが自己中心的な考えで自己主張して好き勝手なことをしていては，職場が乱れ，まとまらなくなる．

　仮にロッカーまでの距離が遠くても，上着はロッカーに吊す．この行為が「けじめ」がつけられる心を養う（つくる）ことになる．

　上着をいすに引っ掛けたり，机や脇机の上に置く習性（クセ）のある人は，

管理職, 一般職の区別なく一部の人に限られている. このような行為は一見合理的なようだが横着であり, 改めるべきである（図3.3）.

目的に反することは, どこか不自然で見苦しい. 逆に不自然と感じることは目的から外れている. このことに気がつく人になるとすばらしい.

ただし, 企業内でロッカーのあるなしに関係なく, いすに上着を引っ掛けてもかまわないという申し合わせがあるなら何も言うことはない.

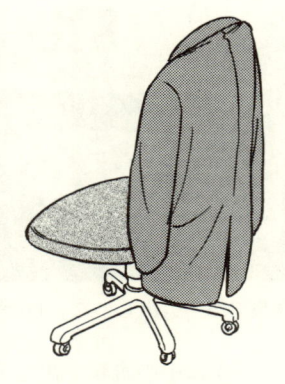

図3.3 いすにかけた上着

2.6 ごみの分別

「混ぜればごみ, 分ければ資源」といわれる. リサイクルして資源を大事に使う（写真3.7, 写真1.28参照）. ごみの分別をするとともに, 処理基準なり処理マニュアルをつくり実施する.

写真3.7 ごみの分別

資源の少ない我が国ではISO 14001とは関係なく, 資源は大切にしなくてはならない. 我が国には昔から「もったいない」という言葉がある. ノーベル化学賞の受賞者田中耕一氏も小さいころから祖母に「もったいない」とよく聞かされていた. 彼は, 失敗したグリセリンを捨てなかった. これが受賞につながったと聞く.

「もったいない」という言葉は，相手を敬う，「モノ」を大切にする感謝の心から始まる．

肝心なことは，せっかくごみの分別をできるようにしても，分別して捨てられない人がいる．お互いが気づいたら軽い気持ちで注意し合うことも大切なことであり，また注意がし合えるような事務所の環境をつくらなければならない．

次にごみの分別の一例を示す．

- ・生ごみ　　　　　　・鉄の缶　　　　　・紙パック・紙コップ
- ・燃えるごみ　　　　・ビン類　　　　　・割りばし
- ・新聞，雑誌・チラシ　・燃えないごみ　　・アルミ缶
- ・ペットボトル　　　・プラスチック類　　など．

分別が確実に実行されれば利益が上がる方途の研究が必要であろう．

2.7 傘の入れ方

きちんと巻いて傘立てに入れた傘は，見ばえがよい．すべての人に好印象を与える．

傘は，面倒でも巻いて傘立てに入れるようにする．この動作は，後から傘を入れる人がすぐ入れられるので，相手に対する「思いやりの心」を養うことになる．また，100%枠が使えてムダがない．傘の入れ方を見れば社員のマナーが分かるといわれる．マナーの良さに，大企業，中小企業，零細企業，自治体の区別はない．事務所の傘立てを見てみよう．

雨天のとき，傘を巻かないで入れると傘立てが足りなくなり，傘を床面に寝かせて置く．床面が濡れて見苦しい．後で拭く手間（ムダ工数）が発生する．さらに，傘立てが不足と思い，新しく購入するかもしれない（図3.4）．

ある企業では，社員の傘立てに，ロッカーと同じように，名前をマグネット板に記入し，枠を指定して，来客用とは区別している（図3.5）．

図 3.4 傘を巻かない   **図 3.5** 傘立てに名前

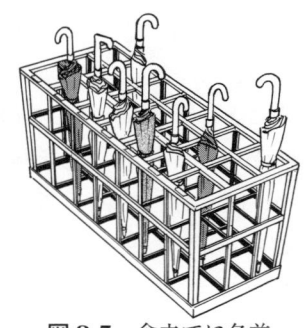

2.8 履き物の入れ方

　下駄箱に入れるとき，スリッパや履き物は，爪先を先にしてかかとをそろえて入れると入れやすいし，取り出しやすい．履き物をくるりと回して入れることはしない（写真 3.8）．

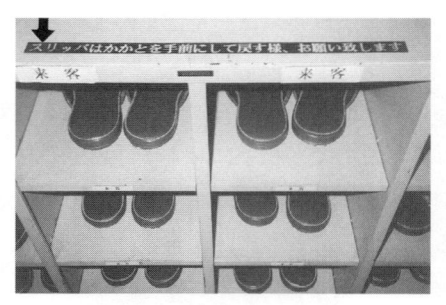

写真 3.8 入れ方の注意書き

　学校によっては，靴のかかとに名前を書いて，履き間違いを防いでいるところもある（図 3.6）．

　一段の下駄箱をスリッパと履き物の兼用にすると，履き物に着いた土やほこりが落ち，スリッパに着くので，ときどき掃除をする必要が生じる．下駄箱を 2 段にし，スリッパと履き物を別々に置いた方が清潔である（図 3.7）．

2. 躾について　　　　　　　　　　105

図 3.6 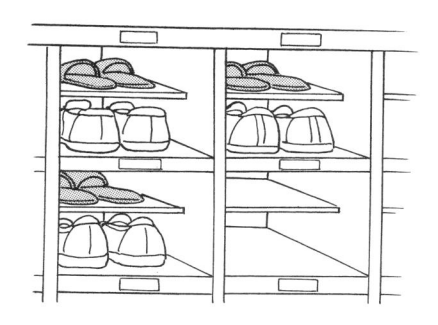　　　　　図 3.7　靴とスリッパの置き場を分ける

2.9　躾についての実施例

心づくりをするための行動として，挨拶運動とトイレ掃除の実例，及び新5Sの教育の仕方を紹介する．

2.9.1　朝の挨拶

H社では，社内の人間関係をより良くし，モラル（士気）を高めるため朝の挨拶の励行をしている．

新5Sの世話人が交替で月1回玄関に立ち，出社してくる社員に大きな声で「おはようございます」と声をかけている．出勤者は，自転車，バイク，自動車通勤が多く，歩いてくる人は少ない．素通りする人もいるが，多くの人から笑顔で挨拶が返ってくるという（写真3.9，写真3.10）．

写真 3.9　朝の挨拶運動　その1 　　　写真 3.10　朝の挨拶運動　その2

NPO法人
日本を美しくする会 会長 東海神栄電子工業株式会社 代表取締役　田中義人

column

　平成5年（1993年）11月発足．
　株式会社イエローハットの創業者，鍵山秀三郎氏の掃除哲学に学ぼうという有志の集まりとして結成された．「日本を美しくする会」の推進する「掃除に学ぶ会」が全国47都道府県（北海道，東北，関東，中部，北陸，関西，中国，四国，九州，沖縄）に128団体が平成22年（2010年）3月現在あり，年間10万人以上の人が学校，公園，駅，などのトイレ，市街地の清掃活動を行っている．
　なお，外国では，ブラジル，中国，ニューヨーク，台湾で定期的に活動が開催されている．

早朝掃除風景（東京・新宿）　　　トイレ掃除（掃除に学ぶ会）

　このほか学校の先生方が自らの人格を高めることを目的とし，愛知県立碧南高校の高野修滋が主宰し，平成13年（2001年）8月，教師の教師による教師のためのトイレ掃除に学ぶ会「便教会」が発足，全国に広がっている．

　　掃除の具体的な仕方は，『掃除の道』（DVD制作／著作：日本を美しくする会，株式会社クォーターバック）
　　　1　哲学編　掃除の可能性
　　　2　実践編　トイレ掃除マニュアル，及び街頭清掃編
　　を参照されたい．

　　鍵山秀三郎氏：1933年東京生まれ．創業以来続けている「掃除」に，多くの人たちが共鳴し，平成5年11月に日本を美しくする会を創立．近年では国内外まで広がる．現在，同会の相談役を務めている．

これからは，世話人だけでなく有志に代わってもらい，全社員が素直に日常挨拶するようになるまで続けるという．

2.9.2 トイレ掃除

H社では，毎日のトイレ掃除は外部の契約業者がしているが，このほかに「トイレを磨いて心を磨こう」と躾の心づくりの一環として実施している．

その方法は，日本を美しくする会"掃除に学ぶ会"のボランティアの指導により，社長はじめ有志で半年に1回，トイレ掃除をしている．まだ一部には批判的な人もいるが，何をするにしても批判的な人はいる．これからもトイレ掃除は地道に続けていくと社長は語っている（写真 3.11）．

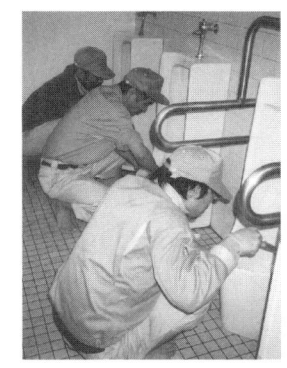

写真 3.11 6か月に1回有志によるトイレ掃除

2.9.3 新5Sの教育

新5Sの教育のねらいは"気づきの心"をつくることである．

H社の新5S世話人の教育の仕方を紹介する．

新5S教育の大切なポイントは，辛抱強く一つひとつ理由を教えて，納得させることである．その一例をご紹介する．

(1) 新5S教育のOJT[*1]の仕方は，世話人で現場を見てまわり，足を止めて不具合なところを見つける．そして改善策を話し合い，だれがするか（担当）といつまでにするか（期限）を決めて改善する．

(2) 新5SのOff JT[*2]のやり方は，新5Sの悪さの状態を示す現場写真，OHPフィルム，イラスト（挿し絵），スライド，ビデオの静止画像，パソ

[*1] OJT: On the Job Training　職場で仕事を通じてリーダーが教え込む．
[*2] Off JT: Off the Job Training　職場以外の場所で教える．

コン画面(ディスプレイ)などを見せ,具合の悪いところや良いところを見つける練習をする.

① 整理・整頓:写真を見て＜良いところ＞と＜改めるところ＞に気づかせる練習をする.

　写真3.12は,レターケースである.

　＜良いところ＞は,引出しに何が入っているか表示がされている.表示が色分けされており,文字も大きくて分かりやすい.

　＜改めるところ＞は,レターケースの上のいろいろな「モノ」は元の場所に戻す.レターケース横のトナーの箱も所定の場所に戻す.

② 清掃・清潔:写真を見て＜良いところ＞と＜改めるところ＞に気づかせる練習をする.

　写真3.13は,日常よく見かけるドアのガラスの張り紙である.紙の面積がガラスの約半分を占め,明かりとりの妨げになっている.

写真 3.12 レターケース　　　**写真 3.13** ガラスに張り紙はしない

　＜良いところ＞はない.

　＜改めるところ＞は,

- ガラスには張らない.張り紙を張るときは,簡単にはがせる張り方をする.
- はがした後は,接着剤の"のり"がほこりをつけるので,"のり"を

2. 躾について

完全にとる．

③ 新 5S 問題シート

図 3.8 のような問題シートをつくり，良くないと思うことを箇条書きにする．そして，私ならこのようにすると改善（アイデア）を書く．指導者は必ずコメントをする．

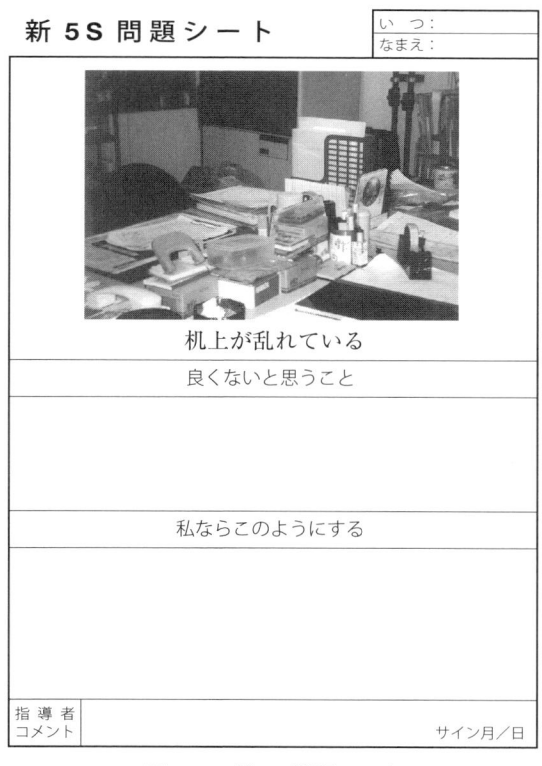

図 3.8 新 5S 問題シート

3. 整理・整頓について

　整理・整頓の目的は，ファイル（文書）を取りにいく時間，探す時間，戻しにいく時間を少なくすることであり，ムダなコストを低減することである．

　ファイルの並べ方をきれいにする，表示を見やすくする，作業者の近くに「モノ」を置くといったようなことは方法である．

　事務所では，ディスクケースや書架などの表示がいくら見やすくなったと思っても，探す時間に手間どるようでは，整理・整頓の意味はない．目的と手段を間違えないこと．ファイルを探して取り出す時間は「30秒以内と基準を決める」ことが大切なことである．

3.1　文書に関する整理・整頓

　事務所では，パソコン（デスクトップ型，ノート型）をはじめ，OA機器・関連機器の導入により，事務作業の仕方が変わってきた．

　先にも述べたように，パソコンの導入により，事務所では書くという作業が激減した．反面，不要なプリントアウトした個人持ちファイルは，パソコン導入前と変わらない．むしろ増えている．ディスクの保管の仕事も増えた．ディスクのケース保管は，パソコン関連用品を活用する．

　例えば，FD/MOケース，FDキャビネット，CD/DVDケース・キャビネット・ボックス・ファイルなどに見やすくラベルを張り，取り出す手間がかからないように取出し方，置き場を決める．図3.9にディスク関連用品の一部を簡単に紹介する．

3. 整理・整頓について

FD/MO ケース　　　FD キャビネット　　　CD/DVD ケース

CD/DVD キャビネット　　CD/DVD ボックス　　CD/DVD ファイル

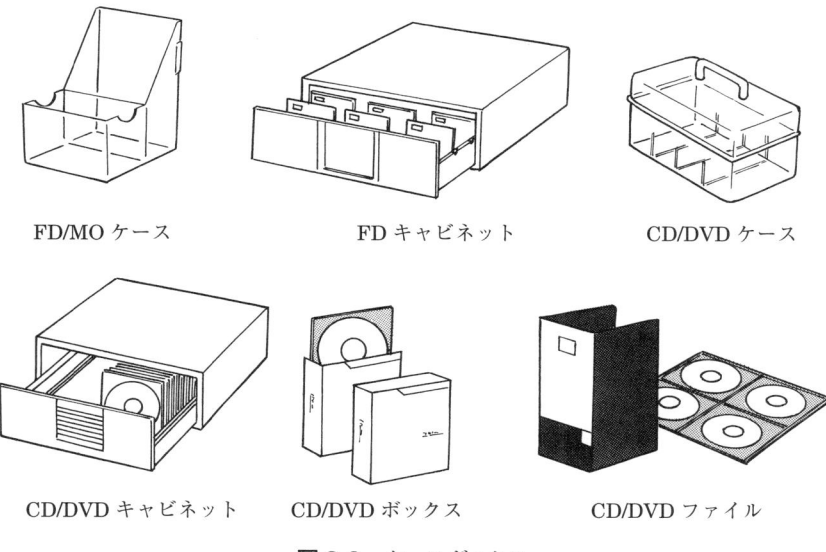

図 3.9 ケースボックス

備考　FD, MO, CD, DVD の名称については表 3.1 コンピュータ（パソコン）による資料の整理参照，p.119.

---

column

動作経済の原則の応用

▶ 作業をする上での一番小さな単位が動作である．この動作におけるムリ・ムダ・ムラをなくし，最も経済的に，最も疲労度の少ないものにするための原則を「動作経済の原則」という．この原則の項目を事務所用に変え，チェックシートの形にしてチェックすると事務所や自分の仕事の仕方についての問題点を見つけるのに役に立つ．

▶ 動作経済の原則は，仕事をする人が当然身につけておくべき心構えであって，改善をするための基本である．

I. 動作の数を減らす
・不必要な動作は少なくする．
・書架・ロッカーなど戸の開閉は少なくする．
・筆記具など頻繁に使うものは身につける．

column

動作経済の原則の応用（続き）

- 文房具やファイルは，歩かなくても取れる位置にする．
- 汚したらすぐ拭けるようふきんを用意する．
- 部屋のカレンダは少なくする．
- ごみ箱の数は少なくする．
- 紙をめくるときは，フィンガーキャップを用いる．

II. 動作を同時に行う
- パソコン作業は両手でする．
  （作業中の喫煙，飲料禁止）
- プリントアウト，コピー中には他の仕事もする．
- 電話するときはメモをとる．
- 席を立つときは，複数の用事をすますよう配慮する．
- 事務所内の配付物は部署に関係なく一人でする．

III. 動作の距離を短くする
- 動作は，最適身体部位で行うようにする．
- OA機器，コピー用紙の保管場所までの距離は短くする．
- 共有物の置き場は作業者の近くにする．
- 会議場所への距離は最短距離を工夫する．
- 掃除道具置き場の距離は短くする．

IV. 動作は楽にする
- 足もとには，不必要な「モノ」を置かないようにする．
- 不自然な姿勢の仕事は少なくする．
- 力のいる仕事は少なくする．
- 適正な作業姿勢がとれる高さの机といすにする．
- 保存箱，文書類の運搬はキャスター付き台車にする．
- カッターには安全な治具を取り付ける．
- 照明は，作業性と眼精疲労の観点から考慮する．

参考　サーブリック分析を開発したギルブレス（F.B. Gilbreth, 1868–1924）は，動作改善の研究を整理して，動作経済の原則（Principle of Motion Economy）を発表した．

3.2 個人持ち文書

パソコンが使われだしても,全画面が見られなかったり目が疲れたりで,習慣のようにプリントアウトされた文書が使われる.文書は情報である.情報は共有化すると仕事上のミスも減り,仕事がしやすくなる.情報の個人持ちは,原則としてなくした方がよい.情報の独り占めは価値を生まない(よくない).

個人の脇机の引出しやキャビネットに雑然とファイルが数十冊も保管されている状態を見かける.机上や周りは書類を山積してあり,必要な書類を探すのに多くのムダな時間を費やしている(「モノ」づくりの現場では,治工具[*1]や部品がなくて探しまわることは許されない).特に本人が不在の場合,その人が保管している書類が必要となったとき,多くの人手を要して探すこともある.

事務に従事する人は,事務作業に対する心得を変えなければならない.従来の何でも書類を残しておかないと気が済まないという習性(クセ)は改める.何でもプリントアウトして個人でファイルを持つ限り,書類は増えることはあっても,減ることはない.これでは何の意味もない.

一度使用した情報は,サーバー[*2]に保管し,必要なときに検索して,プリントアウトする.個人でファイルをつくらないことが大切である.サーバーに保管する情報,メールして共有する情報,個人で保管する情報など,それぞれ取決めはされているが守られていないのが現状である.

個人持ちのファイル(文書)をなくす手順

手順1　自分のファイル(文書)を机,作業机の上に出す.

手順2　必要・不要・不用の分別をする(3か月以上不使用のファイルは不要として保存箱に収め片付ける).

[*1] 治工具:治具,取付具,切削工具,手工具,検査具などの総称.

[*2] サーバーとは,それぞれのパソコンに情報を提供したり,共用のプリンタに印刷したりする手伝いをする役割をするもの.server「給仕」する.

手順3　必要は，使う人の手の届く範囲（1 m 以内）に保管，不要は離れた置き場に保管，不用は捨てる．

手順4　廃棄するか否かに迷うときは上司の判断を受ける．また，前任者の引継ぎで廃棄してよいか分からない書類は上司に相談する．もし上司が新任で分からないときは，ひとまず保存箱に収納し不要書類扱いとする．1年くらい使わなければ処理について，自分で判断するか上司に相談する．

手順5　必要と分別した頻繁に使うファイルは，分かりやすい色仕切紙やインデックスをつけて，すぐに取り出せるようにする．ファイルの数が少なければ，管理に要する工数が少なくなる．

手順6　議事録，会議資料，出張報告書などの共有する情報はサーバーに保管しているので，プリントアウトして個人でファイルは持たない．もし，文書が必要なら，部署でファイルを持ち，共有する．

3.3　ファイル（文書）の整理方法

3.3.1　ファイルの置き方

　日常，使用頻度の多いファイルは，探しやすく，使い終わったら元の位置に戻しやすいようにファイルの背表紙に番号，斜線，Vライン，記号で表示したり色別をする．実情に合った表示を採用する．また背表紙の表示は各部署がばらばらにしないよう基準を決めるとよい（写真 3.14〜写真 3.17）．

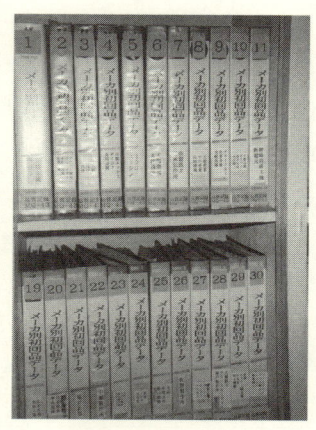

写真 3.14　数字による並べ方

3. 整理・整頓について

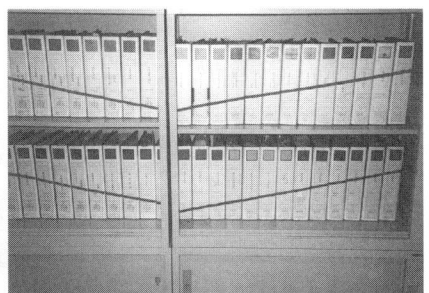

写真 3.15 斜線による並べ方 **写真 3.16** Vラインによる並べ方

備考 斜線，Vラインをするときは，透明なフィルムが市販されているので裁断して使う．手書き，ビニルテープは文字が見えないのでしない．

写真 3.17 ファイルの背表紙

3.3.2 書類の置き方

P社では，作業机の後ろにラックを置き，仕分けして書類を入れている．作業中でも作業机の上に書類の積み重ねがなく，書類をめくって探すムダがなく，作業机のスペースも広く使われている（図3.10）．

3.3.3 書類の処理，文書の保存と管理

毎日発生する書類はためたり，ファイリングしたりしないで，その都度仕分けて処理をする．難しいことであるが，実施すると書類の山積みはなくなる．

(1) 書類の処理

概してどこの事務所も，書類と書籍が多い．おおげさに言えば，それらの中

図 3.10 書類はラックに入れ机上に山積みにしない

で仕事をしている．その原因は，整理・整頓をしないからである．

　ここで書類について考えてみる．必要な書類でも古くなると使う頻度が減り不要な書類となり，やがて使わなくなり不用となる．ところで，個人持ち書類の中には情が移り，"念のために残しておく"と個人用永久保存文書となり，ファイルを増やし，かつ，文書の共有化を阻害する一因となっているケースもある．

　書類は増えれば増えるほど，管理工数がかかり，探すムダ時間も増える．

　そこで書類は，必要，不要，不用に仕分けする．「必要な書類」は，すぐ取り出せるように身近な脇机，キャビネットの引出しに見出しをつけて保管する．ただし，機密文書，重要書類の原本はマイクロフィルム化しマスターテープを原本とし，金庫（鍵のかかる保管庫）で保存する．1部コピーテープをつくり，コピーの要請があればコピーテープから複写する．なお，マイクロフィルムと一部電子データ（PDF*）での保存を検討している団体もある．

　「不用な書類」は捨てる．ただし，機密文書，重要書類の処理は機密管理責任者の指示で，原則として，社内シュレッダで裁断するか，処理量が多いとき

---

* PDF：Portable Document Format．アドビシステムズ社（本社米国）が策定したファイルフォーマット及びその関連技術．

は外部業者と契約し，専用箱に入れ，処理を委託する．

やっかいなのは，必要だがさしあたって今は（当分は）必要ない「不要な書類」の取扱いである．この書類は，保存箱に見出しと保存期限（満期）を記入して，別の場所に一時保管する．なお，議事録の書類など，サーバーやコピーの発行部署に原紙が保存されている書類は，不用として捨てる（写真 3.18）．

写真 3.18　見直しされるファイル

(2) 文書保存

通常，書類の保管期間[*1]，保存期限[*2] は法令で定められていないもの，法令で定められているものによって分けられる．

企業では文書保存基準があり，それに従って保存されている［参考文献 6) p.115-117，表 4.18，表 4.19 文書保存基準参照］．

一般に保管期間は 1 年保管（1 年間保管する必要のある文書），3 年保管が多い．財務・経理の書類など法令で定められている保存期限は，5 年保存（5 年間保存する必要のある文書），7 年保存，10 年保存，永久保存などがある．ただし，法令は改正され保存期限が変

写真 3.19　書庫

[*1] 保管期間：ものを傷めたり，なくしたりしないように，定まった期日から他の定まった期日までの間，保管する．例　保管期間 1 年間，3 年間．
[*2] 保存期限：ものをそのままの状態で保つようにして前もって決められた一定の時期まで保存する．例　保存期限　平成○○年○○月○○日．

更になることもある（写真3.19）．

このほかにも台帳類のように継続保存として最新の書類を保存する方法もある．なお，長期間の書類保存としては，製造物責任法（PL法*）で訴訟を起こされたときなどは，保存期限が15～20年必要との話も聞く．

なお，参考までにコンピュータ（パソコン）による資料の整理を表3.1に示す．

(3) 文書管理（ファイリングシステム）

文書管理とは，文書の発生から使用，保管，保存，廃棄に至るまでの流れを制度化したものである．

これは単に文書を片付けることではない．文書の個人持ちを排除し，文書（情報）を共有化し，だれでも情報を活用することができるようにすることである．

また，文書管理といってもいろいろある．紙の文書，電子カルテ，画像，図面，電子ファイルシステムなどである．詳細は，専門書を参照のこと．

(4) パソコン使用でペーパーレス

ペーパーレスが期待されたOA機器だが，書類は依然として減っていないのが実情ではなかろうか．パソコンで文章をつくるので書く手間は減ったが，プリントアウトしてコピーすることもあるので紙の消費量は減っていない．

写真3.20は，ある介護施設で新しく制定するマニュアルの検討風景である．従来の方法は，パソコンからプリントアウトした案をコピーして参加者全員に渡し，それを見ながら検討していた．したがって，検討をするたびにプリントアウトしたものをコピーしていた．

そこでコピー用紙を少なくするために，写真で示すように全員でディスプレイを見ながら検討することにした．検討がすべて終わってからプリントアウト，コピーして制定したこの方法でA4サイズのコピー用紙数百枚が節約できた．

---

* PL法：Product Liability Act．製品に「欠陥」があることを消費者が証明すれば，製造者側は，損害を賠償する責任があることを定めた法律．欠陥とは，当該製品が通常有すべき安全性を欠いていることをいう．製品出荷から10年間が対象．平成7年（1995年）7月から施行された．

3. 整理・整頓について

表3.1 コンピュータ（パソコン）による資料の整理
一般的な記憶媒体の名称と特徴（2007年11月現在）

種　別	名　　称	容　量	データの書き換え・消去
磁気ディスク	フロッピーディスク [FD] Floppy Disk	1.44 MB	可
	ハードディスク [HDD] Hard Disk Drive	40 GB ～4 TB	可
光磁気ディスク	MO (Magneto-Optical disk)	128 MB ～9.1 GB	可
光ディスク	CD (Compact Disk)	700 MB	CD-R……不可 CD-RW……可
	DVD (Digital Versatile Disk)	4.7 GB ～9.4 GB	DVD-R…………不可 DVD-RW, RAM……可
フラッシュメモリ	USBメモリ	512 MB ～8 GB	可

情報量の単位

　　1 B（バイト）……半角英数字・半角カタカナ1文字分の情報量
　　　※日本語の全角文字は，1文字で2 B（バイト）
　　　　1024 B　（バイト）　　　＝1 kB（キロバイト）
　　　　1024 kB（キロバイト）＝1 MB（メガバイト）
　　　　1024 MB（メガバイト）＝1 GB（ギガバイト）
　　　　1024 GB（ギガバイト）＝1 TB（テラバイト）

フロッピー1枚に記録できる文書量

　　日本語全角文字は1文字＝2 B（バイト），1 MB（メガバイト）＝約100万B（バイト）．フロッピーディスク1枚の記憶容量＝1.44 MB（メガバイト）なので，「日本語約72万文字＝400字詰め原稿用紙で約1,800枚」という計算になる．

文字以外の情報量

　　写真や動画，音楽データの情報量は，文字とは比較にならないほど大きい．そこで，圧縮という技術を使い，情報量を数分の1以下に減らして保存するのが普通である．

参考

　　標準的な圧縮後の情報量の目安
　　　・写真1枚＝約100 kB（キロバイト）～1 MB　（メガバイト）
　　　・音楽1曲＝約3 MB（メガバイト）～5 MB　　（メガバイト）
　　　・映画1本＝約600 MB（メガバイト）～700 MB（メガバイト）

また，今では，たたき台のメールを配信し，それを各人が修正して完成度を高める方法や，パソコンの画面をプロジェクターを使いスクリーンに映し，みんなで検討する方法で行われることが多い．

写真 3.20 画面を見てマニュアル（案）検討

3.3.4 デスクマット

机上にデスクマットを敷き，その上に透明な上敷を敷くケースが多い．また，上敷の下に，関連部署の内線番号，取引先の電話番号，日常的に使用する業務メモ，内閣の一覧表，写真などを入れていることが多く見受けられるが，あまりゴチャゴチャ入れると見苦しいし，必要な情報が分からなくなるときがある．伝票・請求書は，挟むと失念（うっかりして忘れること）につながるので，絶対にやめた方がよい．デスクマットの下に，書類を入れることも，紛失につながるので，絶対にしてはならない．捺印のときどうしても必要なら捺印マットを使えばよい（写真 3.21，写真 3.22）．

3.3.5 終業時，机上の片付け

終業時には一日の仕事の「けじめ」をつける意味で，机上は電話機とパソコンのみとすることが望ましい．ノートパソコンは，ふたをする（写真 3.23）．家庭でも夕食をすませたら衛生のため食器はその都度洗って「けじめ」をつけるのと同じである．

3. 整理・整頓について

写真 3.21　デスクマット

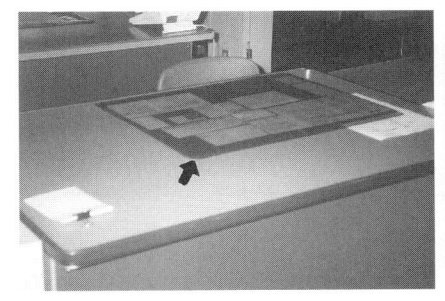

写真 3.22　汚れたデスクマット

写真 3.23　ノートパソコンはふたを閉じる

3.4　事務用品の共有化（置き場所）

日常使う頻度の少ない事務用品は，個人持ちしない．共同で使うことにして置き場所，置く位置を決める．

3.4.1　事務用品の共有化

事務所には，文房具店を移してきたように，たくさんの種類・分量の事務用品がある．ちょっと周りを見渡しても鉛筆，シャープペンシル，サインペン，蛍光ペン，マジックペン，消しゴム，修正液，のり，ゼムピン，ホッチキス，クリップがあり，日常頻繁に使うこれらの事務用品は個人持ちで机の引出しに入れている．

事務用品で，ときどき使うモノや引出しに入らない大きなモノは，1か所にまとめて共有化する．

3.4.2 共有事務用品の置き場所

共有する「モノ」には，パンチ，テープカッター，ガムテープ，大きなハサミ，大きなホッチキス，大きなカッター，あるいはノート型パソコン（出張のときに使う）などがある．

これらの「モノ」の置き場所と置く位置を，関係者が利用しやすい場所に決めて分かりやすい表示をする（写真1.12参照，p.34）．だれでも必要な「モノ」がすぐに使えて戻しやすくなる．なお，持ち出した人が，名前を書いたマグネット板を「モノ」の位置に張っておくと，探す手間（工数）が省ける．この置き場所には管理担当者を置く必要がある．また，使ったらすぐにもとの置き場所に戻すことは言うまでもない．

3.5 収納物の見える化

3.5.1 戸の表示

レターケースの引出し，キャビネット（箱・容器），ロッカーの中に何があるか分かるように表示する．

何がどこにあるかが，戸を開けてみないと分からないのでは困る．日常，事務所で，何気なく「モノ」を探すムダな時間を使っている動作が見られる．

このムダな動作をなくすために，中に何が入っているか，だれにでも分かるように，外側に分かりやすい表示をする（写真3.24，写真3.25）．

3.5.2 扉の取り外し

よく使う文書（例：取扱説明書）など，一般文書は鍵のかかるロッカーは不要である．ロッカーに保管するなら扉を外した方が開閉するムダが省ける．事務所の見える化である（写真3.26）．もし，ほこりが気になるなら，まず衛生面からの改善が必要である．また，狭い場所で扉を開くと，通行の妨げにな

3. 整理・整頓について

写真 3.24 ロッカーの表示

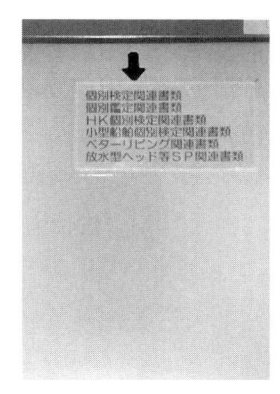

写真 3.25 キャビネットの表示

写真 3.26 ロッカーの扉を外した

り，危険でもある．

　掃除道具のロッカー保管は，扉を外して中が見えるようにすると，整理・整頓される．

3.5.3　棚の表示

　棚には「モノ」の置き場を指定して表示することにより，探すムダを省くことができる（写真 3.27，写真 3.28）．

写真 3.27 棚の表示は大きく分かりやすく

写真 3.28 レターケースの表示

3.5.4 マガジンラックの表示

雑誌やパンフレットのラックに何を入れるのか表示すると，入れやすいし，戻しやすくなる（写真 3.29 ～写真 3.31，図 3.11）．

写真 3.29
カタログ，パンフレット入れの表示

写真 3.30
マガジンラックの表示

写真 3.31
新聞販売機の表示

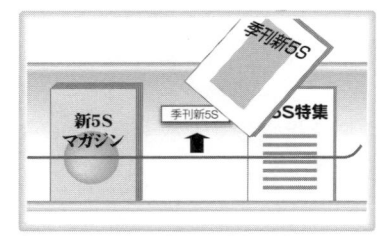

図 3.11 マガジンラックの表示
雑誌を入れることでラベルが隠れるとなおよい．

3.6 管理する「モノ」は少なく

3.6.1 掛 時 計

事務所の壁の高いところに時計が，複数かかっている．時刻が合っていないこともある．見えにくい位置に掛かっている時計もある．汚れている時計もある．時計は少なくした方が管理しやすい．また，当然のことながら管理する部

署・人は決めておく．

3.6.2　カレンダー

いろいろのサイズのカレンダーが無造作に事務所の壁，机の周辺に張ったり吊されていたりすることがある．そういった場合は，カレンダーの数は減らし，みんなが見やすい位置にしぼって，張るなり吊すなりするとよい．事務所がすっきりする．

3.6.3　ホワイトボード用マーカー，チョーク

不要なホワイトボード用マーカーやチョークは片付ける．

　普通，ホワイトボード（白板）で使うマーカーは，黒色，青色，赤色の3本で間に合う．チョークは白色，赤色，黄色，青色と4本あればよい．ホワイトボードを使う前には，マーカーの色が出るか出ないか確認する．例えば3本あればよいのに，9本あれば確認時間は3倍多くかかる．仮に数十秒の節約でも積み上げれば時間となる．このことは，ムダ1円の節約でも積み上げれば億円になる現場改善と同じである．

　マーカーやチョークの本数を見れば，管理の行き届いたムダの少ない事務所であるかどうかが分かる．これも間接部門のムダの一つであるという認識が必要である（写真3.32，図3.12その1，その2）．

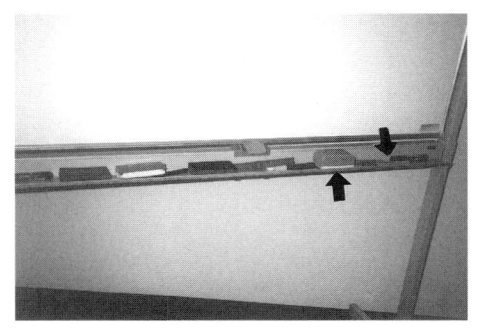

写真 3.32　不要なホワイトボードマーカーと白板消し
（ホワイトボード用イレザー）

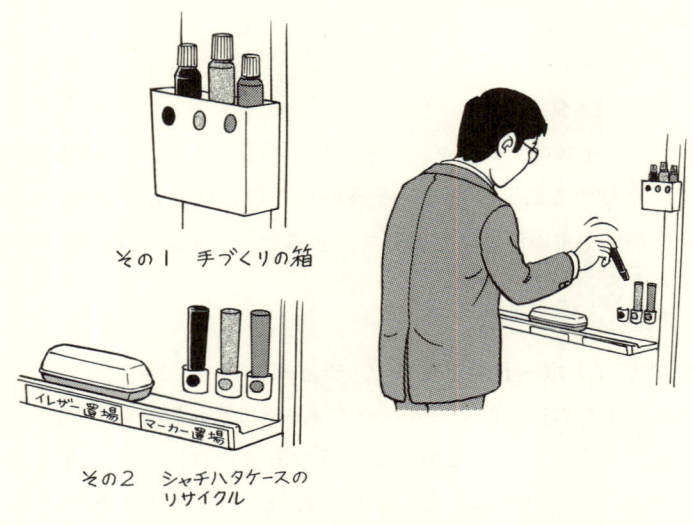

126　第3章　間接部門の新5S実践のポイント

その1　手づくりの箱

その2　シヤチハタケースのリサイクル

図3.12　不要な「モノ」は片付ける

3.7　床の面積

　事務所の面積は固定している．地域によっては地価も高い．そこで床の面積のムダ取りをする．面積を広くするには，床に不要な「モノ」を置かない．不要な「モノ」が占めている面積だけ，事務所の床の面積を狭くしている．またこの節では床に「モノ」を置く場合は，床掃除がしやすいように床面と間隔をおく．床面の価値を生まない「モノ」を減らし，床面の効果的な活用の仕方を考えてみる．

3.7.1　不要な「モノ」を減らす

　第3章1.2 (p.96) に述べているように，事務所には必要な「モノ」だけ置くのが原則である．
　R社では，三つの事務所が一つに統合されることになった．各部署は1台の複合機を持っていたので，新しい事務所の複合機は3台となった．1台に集約したいがリース契約の関係で減らせない．

複合機の占める床面積は，幅 656 mm，奥行き 720 mm で，面積は約 0.47 m² となり，3 台で約 1.41 m² となる．リースの解約金だけでなく，床面積の有効活用の面からも考え直してみる必要があろう．

3.7.2　ごみ箱は少なく

普通一般家庭ではトイレは一つである．事務所のごみ箱は，ごみを捨てるトイレとして考えてみよう．トイレの数が多いのは異常である．ごみが多いということは，ムダな仕事をしているのかもしれない．一度見直してみることも必要であろう．

ごみ箱は貴重な情報源である．ごみの中身を調べると捨てた人の仕事の上手・下手が評価できる．例えば，お母さんは口のきけない赤ちゃんの健康管理を，赤ちゃんの排泄物で判断している．排泄物もごみも，情報源である．

また，ごみ箱は一人が一つ持つという固定観念から脱却しよう．ムダな工数であり，かつ床面積を狭くしているからである．

ごみ箱が，床面積をどれだけ狭くしているか調べてみる．地価の高い事務所の床面積を広く使うためにも必要なことである（写真 3.33）．

例えば，底面の直径が 23 cm の円形ごみ箱（デスクサイドごみ箱）が 20 個あるとする．

$$\text{ごみ箱の占有面積} = \pi r^2 \times \text{個数}$$
$$= 3.14 \times 11.5^2 \times 20 = 8,305.3 \text{ cm}^2$$
$$\fallingdotseq 0.831 \text{ m}^2$$

となる．

間接部門のムダを省くために，ごみ箱にも関心を持つべきである．

さらに，ごみ箱について考えてみよう．

① ごみ箱は分別する．表示は分かりやすくする．→　リサイクル
② 一人一つのごみ箱は不用である．ごみ箱の数を減らす．
　→　床のスペースが広くなる（写真 3.34）．
　　ごみ箱の場所が遠くなれば，捨てにいく時間がムダという人もいる

写真 3.33 ごみ箱が少ないと床が広くなる

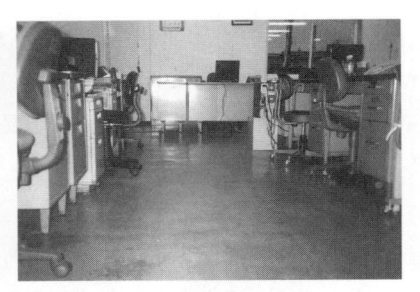

写真 3.34 ごみ箱がない事務所

が，ごみをなくすことが先決である．

③ 小さなごみ箱を減らして大きなごみ箱にする．捨てにいくのに重たいならキャスターを取り付ける．
　→　ごみ回収の工数が減る（写真 3.35）．
④ ごみ箱には，ビニール袋を入れ，ごみを取りやすくする．
　→　ごみ回収の手間が減る．
⑤ ごみ箱を置く位置を決め床面に表示すると，間違いなく戻しやすくなる（図 3.13）．
　→　紛失がなくなり，再購入しなくてすむ．コストダウンになる．

写真 3.35 駅ホームのごみ回収車

図 3.13 ごみ箱の位置表示

3. 整理・整頓について　　　　　　　　129

3.7.3　階段下などのスペースの利用

・階段の下を台車や部品棚の置き場所にする．
・掃除道具の置き場所にする．
・隅に三角形，四角形のごみ箱を置く．隅に台を設けトイレットペーパーを置くなど工夫して活用する（写真 3.36 ～写真 3.38）．

写真 3.36
階段下の掃除道具

写真 3.37
階段下の台車

写真 3.38
壁の隅にトイレットペーパー保管

3.7.4　本の置き場所

業務に関する本が各部署にあることがある．いつでもすぐ使えるとの思いからだが，日常，本は頻繁に使わない．本棚の占める面積は，存外広い．コーナーを設け，本棚を 1 か所にまとめると，床が広くなり，作業もしやすくなる．
　備中松山藩の山田方谷[*]（1805-1877）は，「事の内に屈しない」，「事の外に立つ」と言っている．事務所の中だけで本の置き場所を考えない．例えば，社員食堂，集会所又は事務所内の不必要（不要・不用）な「モノ」を撤去してつくった場所を利用する（写真 3.39，写真 3.40）．

---

[*]　備中松山藩の財政改革を担った儒家，陽明学者．大政奉還の建白書の起草者でもある．

写真 3.39 社員食堂の隅に本を置く　　**写真 3.40** スペースをつくり本を置く

4. 整理・整頓の実施例

整理・整頓についての実施例を紹介する．

P社では，社長の指示で計画的に書類の整理・整頓をしている（表3.2）．

4.1　ファイルは少なく

ファイルは，受け取ったものを何でも綴じるから増え続けるのである．書類は，その都度判断して綴じるか捨てるかしないと，書類の山ができ，不本意ながら，効率の悪い仕事をすることになる．

だからといって手っ取り早くファイルしてはいけない．困ったことに，このような仕事の仕方や事務所の環境に慣らされて，気にならない神経になっているのである．探したり，ミスをしたりでムダな時間を使っている．

まず，ファイルするかしないかは，書類の使用目的や使用頻度をよく考えて決める．ファイルを増やさない方法としては，写真3.41に示すように自家製の箱の中に仕分けして入れる．

4.2　保存書類の見直しと廃棄

毎日発生する書類，それを無意識に綴じるファイル．数年たてば書庫が満杯になるのは，当たり前のことである．書庫の整理・整頓は不可欠である．

4. 整理・整頓の実施例

表 3.2 書類整理の基本

2007.4.1
グループ統括責任者

1. **ためないでその日その日に処理**
   - "大丈夫，後で"は結局忘れる．思わぬ事態が発生しあわてることにもなる．
2. **重ねない**
   - 下になったものが放置されることになる．
   - 優先課題，緊急性が分からなくなる．
   - 書類の高さと仕事量は反比例すると心得よ．
3. **綴じない，しまい込まない**
   - いずれ忘れ，未処理のまま放置されることになりかねない．
   - 何でもとっておく主義はやめる．
   - 手持ち資料が安心料になっていないか．
4. **分類する**
   - 必要な書類はすぐに取り出せるようになっているか．
   - 必要なときすぐに取り出せない書類はないのと同じ．
   - だれもが，いつでも，容易に利用できる状態か．
5. **処分する**
   - 保存書類はなるべく少なく．
   - 保管期間を決め，定期点検で変化のないものは思い切って捨てる．
   - 捨てるは選ぶにつながる．
   - 資料管理のポイントはどれだけ廃棄できるかにかかっている．

書類整理のできないのは自己管理ができないにつながる．
もう一度書類整理の基本を見直してみよう！！

パスカル株式会社提供

　書庫がいっぱいだからと言い訳をして，身のまわりの机上や足もとまでファイルを並べて平然と仕事をする．Ｐ社ではこのような事態にならないように，書庫の整理・整頓を定期的に実施して効果をあげている．

　方法は，書庫のファイルボックスに処理担当者名，減らす目標（圧縮％）と期限を記載したメモ用紙を張り，書類を見直して処理を進めている．保存書類の保存期限は時代とともに変わることもあるので見直す（写真 3.42）．

写真 3.41 注文書は箱に入れファイルしない

写真 3.42 半分に減らす予定の書類

4.3 文房具は集中管理

　従来フロアごとに購入していた文房具を一つのフロアで購入，管理することにした．各フロアの在庫品を集めると重複した品種と数量の多いことに驚かされたという（写真3.43）．

　筆記具や器具は個人で持っていたが，筆記具は一人で何本も持つことはないので必要な本数だけ持ち，不要な筆記具は回収した．また，パンチ，ホッチキス，はさみ，カッターナイフ（大型），ナンバリングなどの器具は個人持ちをやめた．共有品として置き場を1か所に決め，みんなが使えるようにした．個人持ちの文房具が少ないとスペースを取らないし，管理工数も少なくてすむ（写真3.44～写真3.46）．

写真 3.43 集めたボールペン

写真 3.44 集めた大型パンチ

写真 3.45　集めたパンチ　　　　　写真 3.46　集めたはさみ

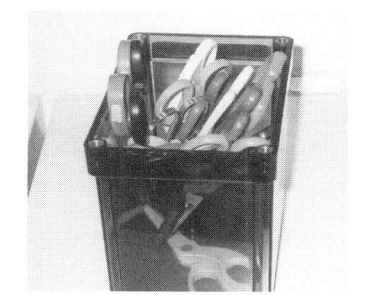

5. 清掃・清潔について

　新5Sの清掃・清潔とは，人の心や事務所の清潔（クリーン）化をいう．
　清潔な事務所や共有場所にしようと思えば，まず清掃という行為がないとできない（写真3.47）．したがって，清掃と清潔は不可分のものである．清掃は，前準備をして身のまわりから始める．
　身だしなみをきちんとすることも含めて，それぞれの持ち場から周囲に広げていく．清潔とは，きれいに清掃（掃く，拭く，磨く）した結果，実現するものである（写真3.48）．

写真 3.47　早朝掃除風景　　　　　写真 3.48　清潔な炊事場

5.1 清　　掃

清掃の勘どころは，時間をかけないで早くする．例えば，次に述べる掃除道具がすぐ使えるように段取りをする．

5.1.1　清掃道具の準備

清掃道具は，すぐ使えるように取り出しやすく，戻しやすい工夫をする（写真 3.49）．

(1)　ほうきの吊し方

ほうきはひもで吊すと，切れたとき修繕するのに時間がかかりムダである．また，吊し方によっては，ほうきの柄の高さが上下して見苦しい．切れないように針金などを使うといっそう見苦しくなる．

写真 3.49　掃除道具置き場

ほうきの吊し方は，ほうきの上部に穴をあけて，フックや釘に差し込んで吊すのが合理的である．穴は差し込みやすいようにフックや釘の径より大きくする（図 3.14）．最近では大きい穴があいているほうきも多い．

ほうきを吊す位置の決め方の例を図 3.15 に示す．このようにすれば戻しやすいし，なくなってもすぐ分かる．

(2)　台車の利用

清掃道具（ほうき，モップ，ちり取り，ぞうきん，バケツ，火ばさみ，洗剤など）を使うときは，キャスター付きの台車に乗せて，そのそばまで運ぶ．終わったら元の位置に戻す．この方法は，広い事務所の掃除をするとき，掃除道具（ほうき他）を取りにいく，戻しにいく時間を節約することができる（図 3.16，図 3.17）．

(3)　OA 機器の清掃道具

OA 機器の清掃道具としてのクリーナー用品は，いろいろある．吸引力

5. 清掃・清潔について

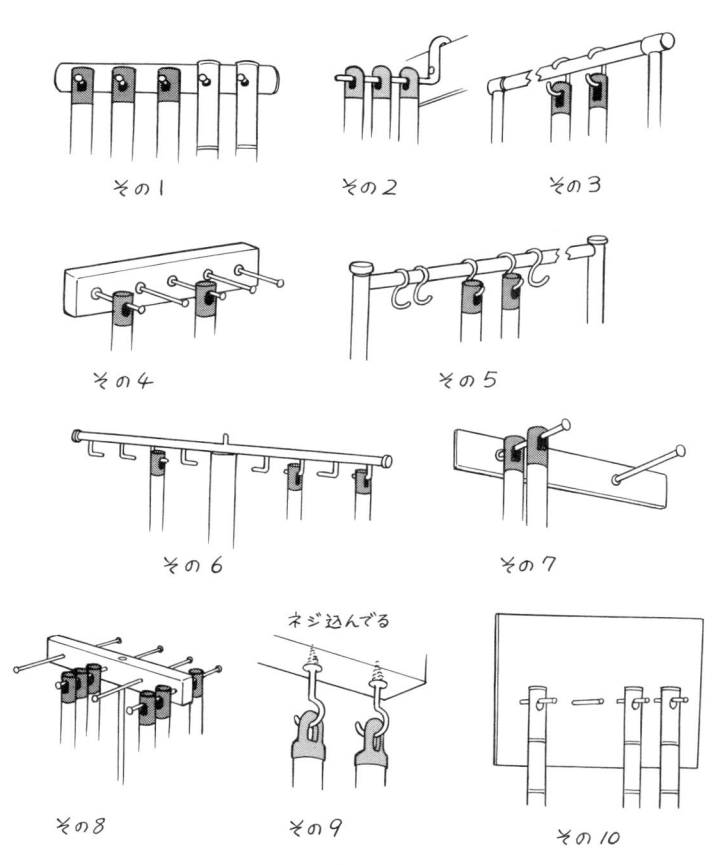

その1　その2　その3

その4　その5

その6　その7

ネジ込んでる

その8　その9　その10

図3.14　ほうきの棒の吊し方

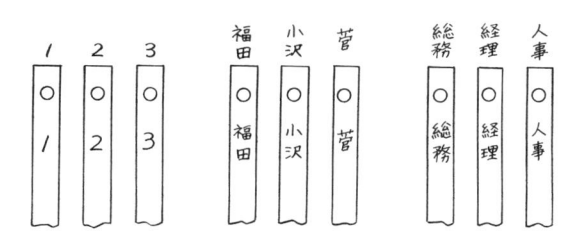

図3.15　吊す位置決めの例

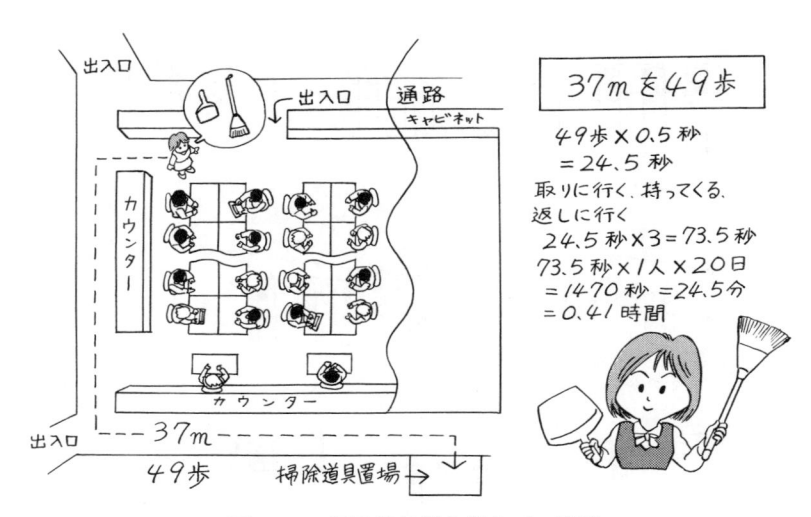

136　第 3 章　間接部門の新 5S 実践のポイント

図 3.16　掃除道具置き場までの距離

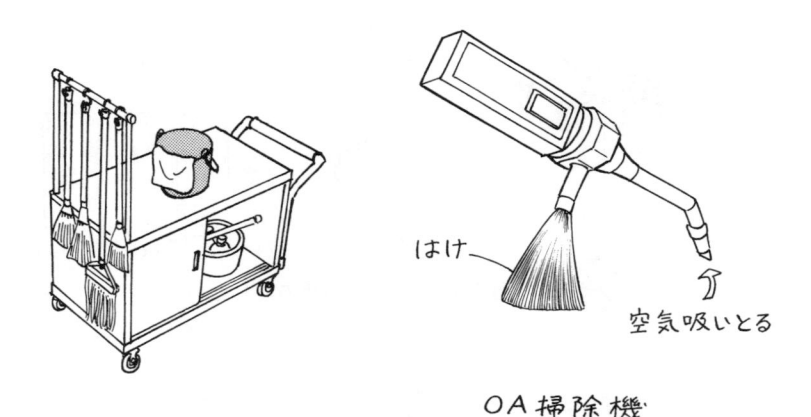

37mを49歩
49歩×0.5秒
＝24.5秒
取りに行く、持ってくる、
返しに行く
24.5秒×3＝73.5秒
73.5秒×1人×20日
＝1470秒＝24.5分
＝0.41時間

図 3.17　掃除道具を吊した運搬車

図 3.18　OA 掃除機

5. 清掃・清潔について

でキーボードのすきま掃除ができる OA 掃除機，マウスクリーナー，OA ブラシ，画面用と機器用のクリーナーがセットされた OA セットなどがある．OA 機器に感謝し，手入れして大切に取り扱う（図 3.18）．

(4) 掃除道具

写真 3.50 は，トイレ掃除道具を示す．このほかにもたくさんの道具があるが，ここでは主に使用する道具を紹介する．写真 3.51 は，掃除をするときの道具の並べ方を示す．

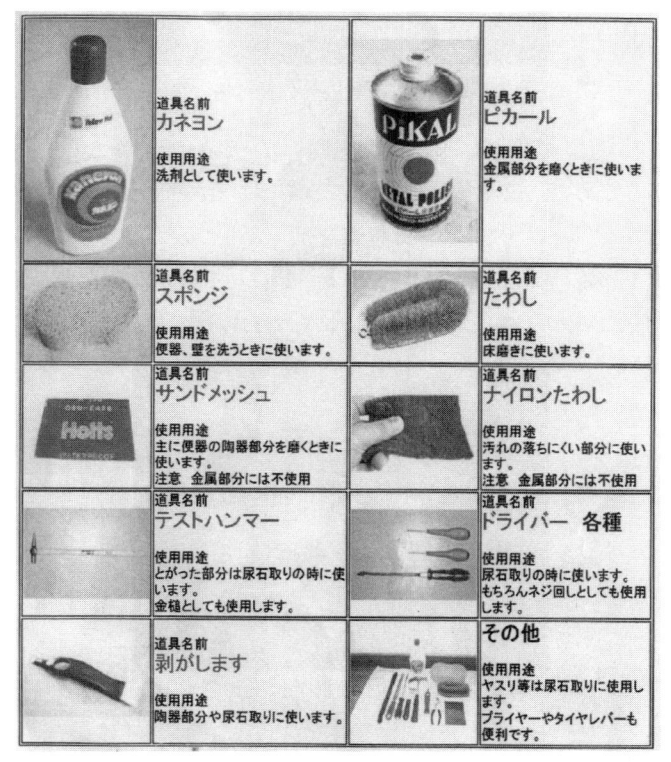

道具名前	道具名前
カネヨン	ピカール
使用用途 洗剤として使います。	使用用途 金属部分を磨くときに使います。
スポンジ	たわし
使用用途 便器、壁を洗うときに使います。	使用用途 床磨きに使います。
サンドメッシュ	ナイロンたわし
使用用途 主に便器の陶器部分を磨くときに使います。 注意 金属部分には不使用	使用用途 汚れの落ちにくい部分に使います。 注意 金属部分には不使用
テストハンマー	ドライバー 各種
使用用途 とがった部分は尿石取りの時に使います。 金槌としても使用します。	使用用途 尿石取りの時に使います。 もちろんネジ回しとしても使用します。
剥がします	その他
使用用途 陶器部分や尿石取りに使います。	使用用途 ヤスリ等は尿石取りに使用します。 プライヤーやタイヤレバーも便利です。

写真 3.50 主に使用する道具（高知掃除に学ぶ会提供）

5.1.2 清掃の準備

まず掃除する場所にある不要な「モノ」は片付ける．不用なものは捨てる．

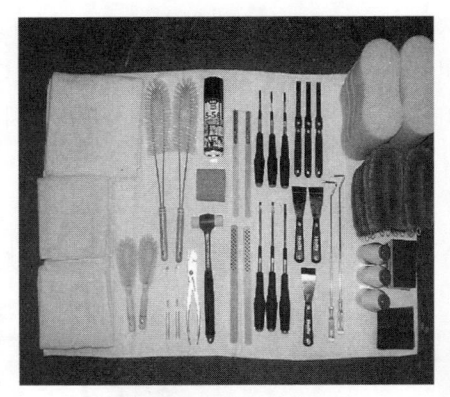

138　第3章　間接部門の新5S実践のポイント

写真 3.51　道具の並べ方

例えば事務所では，終業後，机上や机の下には「モノ」を置かない．朝の掃除をしやすくするためだ．終業後，いすとごみ箱はふせて机上に載せて帰り，翌朝床を掃除してから，いすを降ろし，机上を拭く．したがって，いすを置くので，終業後は机上に電話機とパソコン以外は「モノ」を置かない企業もある（写真3.52参照）．ごみ箱の数も，必要最小限にしておけば，掃除の手間が省ける．

写真 3.52　いすは机上に上げて帰る

5.1.3　拭き掃除のポイント

会議室，研修室，講堂，社員食堂などのテーブル下の桟，ガラス窓の桟や蛍光灯，かさを拭く．テーブル下の桟が汚れていて会議資料が汚れたり，夏場，上着を入れると汚れることもあるので忘れないで拭く．ガラス窓の桟もいつの

5. 清掃・清潔について

間にかほこりで汚れている．蛍光灯やかさのほこりも意外に気がつかない．拭いてみて，初めて汚れに気づく．拭いた後で部屋が明るくなるのは，汚れていたあかしである（写真3.53，写真3.54）．

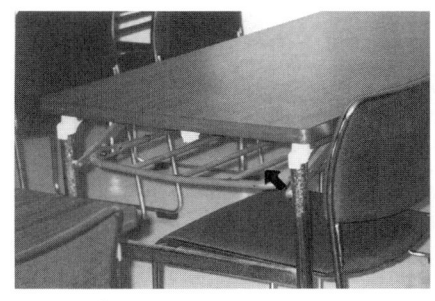

写真3.53 机の下の桟を拭く

写真3.54 机の下の板を拭く

写真3.55は，更衣室の脱衣箱の拭き掃除である．全面を拭かないと，数十年たって，嫌な臭いが発生するので留意する．

写真3.55 脱衣箱は全面を拭く

5.1.4 OA機器の清掃

事務所には，机，いす，電話機，携帯電話機，PHSのような小さいものから，複合機などの大きいものまで多様なOA機器がある．

このOA機器の配線コードが机上や床にたくさんある（写真3.56，写真3.57）．単に見苦しいだけでなくコードが足にからまってつまずいてけがをするおそれもある．配線コード収納用のケーブルホルダーを用いてコードを束ねることが必要である（図3.19）．

日常，何気なく使っているクリップボード（用箋挟み），カードケース（クリアケース）に汚れのひどいものがある．拭くか取り替える（写真3.58）．

写真3.56 机上の配線コード 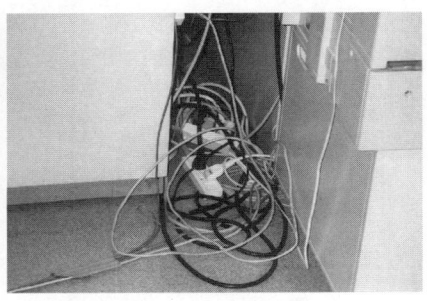　　**写真3.57** 机の下の配線コード

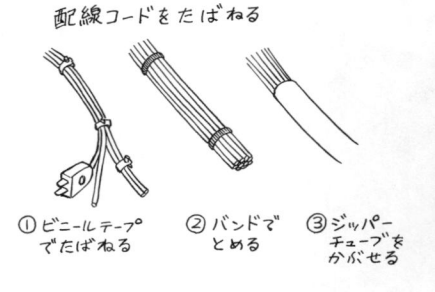

図3.19 配線コードをたばねる 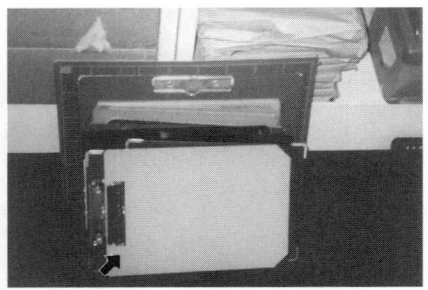　　**写真3.58** クリップボード（用箋挟み）

毎日，電話機や机は拭くが，その他の清掃がおろそかにされているのではないだろうか．特にお世話になっているいすが忘れられていることが多い．拭き掃除は，まず机といすから始めよう（写真3.59，写真3.60）．

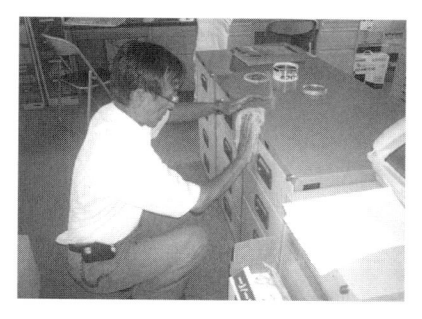

写真 3.59 じっくりと机を拭く 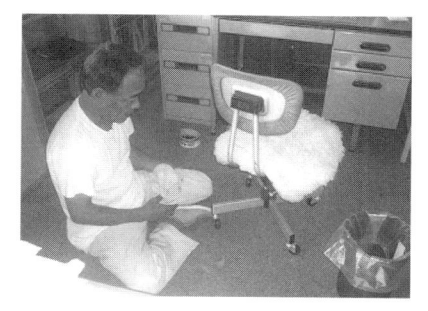　　**写真 3.60** じっくりといすを拭く

5.1.5　共有場所の清掃

共有*場所とは，間接部門，直接部門に関係なく次のような場所をいう．

玄関・ロッカー	階段(手すり・踊り場)	社員食堂
給湯室(食器棚，流し台)	トイレ	洗面所
喫煙所(室)	会議室	応接室
図書室	休憩室	書庫
エレベーター	廊下	通路
駐車場	自転車置き場	

　これらの場所の清掃は，あらかじめだれがするか，清掃の範囲，清掃の方法（いつ，どのようにして），準備するものをルール化（一覧表）する方法もある．清掃の仕方は，企業規模の大小にかかわらず，多様である．外部業者に委託している企業，従業員が役割・分担を決め当番制でしている企業，個人が思い思い（自主的）にしている企業もある．

　共通して気をつけることは，"やった，やってない"のトラブルのもとにならないよう空白地帯がないようにあらかじめ関係者で話し合い，納得の上で取り決めることが大切である．

　① 外部業者に構内の清掃を委託する場合は，3現主義で詳しく取決めをしておくことが，共有場所を清掃する上でのポイントである．トイレ掃除後，臭いがあったり，トイレの仕切板の上にほこりがたまっているようでは契約した

---

*　共有とは共同で使用すること．

意味はない．契約担当者は，外部業者に丸投げするのではなく，必ずチェックをして，不具合があればすぐに処置をしなければならない．

通常，構内清掃業者への委託明細*の概要は，次のようなものである．

例えば，

　　　・清掃内容：清掃場所，清掃箇所，清掃仕様(清掃をする方法)，清掃頻度．
　　　・清掃区分：日常清掃，定期清掃，不定期清掃．
　　　・清掃費用：金額（どこを，いくら），清掃人数，合計金額．
　　　・清掃内容詳細：清掃場所の清掃作業内容を詳しく列挙する．

② 社員が当番制でする場合は，個人・グループですることが多い．一部の管理職が率先垂範して実行するが，なかなか部下がついてこないのが現実である．悪いことはすぐまねるが，良いことはまねない．今も昔も変わらないようである．

M社では，朝の事務所の掃除を女性だけがしている．昔から女性がしているという．机上の書類が乱雑に置かれており，書類を濡らさないよう気をつけながら拭いているのを見かけた．男性も，自分が掃除するなら，片付けることであろう．

やはり掃除は，男女一緒に楽しくするのが自然の姿であろう．Y社では創業者自ら創業当初から毎朝男女で掃除をしている（写真 3.61）．

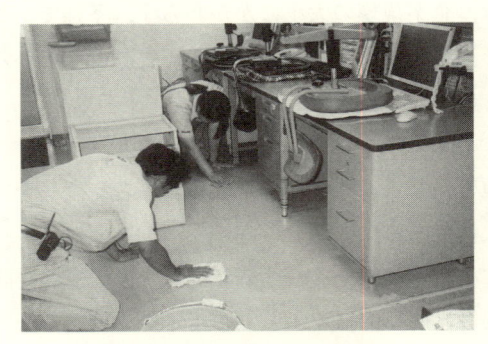

写真 3.61　男女一緒に床拭き

---

*　詳しくは，参考文献 6) 5 章の 5.4.6 共有場所の清掃を参照されたい．

5. 清掃・清潔について 143

当番の決め方

- 関係者が集まりよく話し合う．声の大きな人に負けないように．
- ルールを決める．
- ルールを守って実行する．
- ルール違反は，みんなで話し合い，改める．

③ 給湯室は，複数の人が使う場所である．一人ひとりの人が後から使う人のことも考え，衛生的に使う．給湯室には表3.3のようにたくさんの物品がある．なくさないよう，使いやすいよう，関係者で取決めをする．

表 3.3 給湯室の物品一覧

食器棚，流し台，ガスコンロ，電子レンジ，冷蔵庫，オーブン（ガス，電気），瞬間湯沸器，給湯器，ほか

① 食器棚［茶だんす，水屋（みずや）］の保管物
茶碗，茶托，きゅうす，小皿，グラス，コップ，紙コップ，コーヒーカップ，カップフォルダー，お茶パック，茶筒，茶こし，果物ナイフ，はさみ，割りばし，スプーン，フォーク，ストロー，マドラー（かきまぜる），お盆（トレー），ようじ，ほか

② 流し台
洗い桶，まな板，包丁，各種スポンジ，たわし，ナイロンたわし，各種洗剤，除菌剤，ラップ，ティッシュ，キッチンペーパー，布きん，ぞうきん，排水用ネット，ガラスクリーナー，ごみ袋，ごみ箱，ほか

③ 調味料
砂糖，塩，しょう油，ソース，こしょう，マヨネーズ，コーヒー，紅茶，日本茶，ウーロン茶，ミルク，ほか

5.2 清　潔

清潔は，躾，整理，整頓，清掃の四つを確実に実施し，それぞれのバランスがとれた結果である．写真3.62は観葉植物に囲まれた環境のよい事務所である．

観葉植物は業者任せだけでなく，事務所の人が手入れすると，気持ちが安らぐ．これが自然の姿であろう（写真3.63）．

144　　第3章　間接部門の新5S実践のポイント

写真 3.62　観葉植物のあるさわやかな事務所

写真 3.63　観葉植物は手入れする

　新5S活動の成果を表したレーダーチャートを見たとき，躾，整理，整頓の得点が低いのに清潔の得点が高いのを見かけることがあるが，原理・原則にあっていない．どこか不自然である．なぜなら清潔は，躾，整理，整頓，清掃がよくできた結果だからである．

5.2.1　正しい手の洗い方

　手洗いを習性（クセ）にする．

　手を洗うことは，子どものころからの親の躾に負うところが大きいといわれる．社会的に指導的立場にある人でも手を洗わない人がいる．企業でも手洗いは役職，年齢，男女に関係ない．

　手を洗わないと雑菌がつき不衛生である．口から入り流行性感冒などの原因になる．「うがい」も同じである．「手洗い励行」と「うがいの励行」は，ぜひ良い習性としたいものである．

　平成8年（1996年），全国各地で発生した病原大腸菌 O-157〔オーイチゴーナナ〕〔平成9年（1997年）腸管出血性大腸菌 O-157と名称が統一された〕事件によって，手を洗う人が増えたことは良いことである．

5. 清掃・清潔について

5.2.2 実 行 第 一

　社員食堂の入り口に，自動式か足踏み式の手洗い設備が備え付けられていても，薬用石けんや殺菌剤が蛇口のそばに準備されていても，手を洗わなければ何の役にも立たない．手洗いの状態を調べて改善するとよい．

　トイレに入るとき，交差汚染（クロスコンタミネーション）でスリッパに履き替える是非を論じるより，まずトイレを清潔にすることが先決である．写真3.64は，タイルの床と便器が磨かれてピカピカである．スリッパの履き替えはしていない．この製造メーカーでは，スリッパの履き替えに要する工数はゼロである．

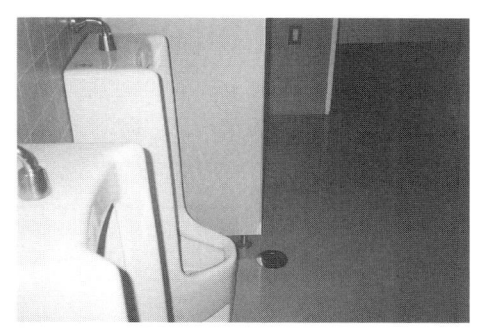

写真3.64　ピカピカトイレ，スリッパ不用

5.2.3 雑菌を拭き取る

みんなが触っている「モノ」とは何か．

　日常みんなが何気なく触っている「モノ」を思い浮かべてみよう．

　　電話機，取っ手（部屋・給湯室・トイレ・キャビネット・ロッカー……），引き戸，電源スイッチ，押しボタン，水道の蛇口，コピー機，FAX，チューブファイル，クリヤーブック，クリップボード（用箋挟み），カードケース，パソコンのキーボード，マウス

などいろいろある．

　気にしない人は，汚れていても無関心に使っている．気にしないからである．

5.2.4 清潔度の評価

これらをいつも清潔に保つには，計画を立てて定期的に拭くことである．机上と電話機は，携帯電話の出現で少なくなったが，毎日1回は拭く．拭き掃除は，自分自身でするのが一番よい．

毎年10月，全国労働衛生週間の行事の一つとして，各部署ごとに計画を立てて拭き掃除をする方法もある（表3.4）．チェックシートをつくって，それぞれの清掃項目について得点する．得点を評価すれば，毎年目標が設定できて評価できる．

表3.4 清掃項目チェックシート

平成19年全国労働衛生週間　計画と評価表　　　　　　　　　　安全衛生委員会

順番	清掃項目	実施日 10/5	10/6	10/7	10/8	10/9	10/10	10/11
1	トイレのドアの取っ手	③点						
2	トイレの洗面台，給湯室の蛇口		④点					
3	各部屋のドアの取っ手・引き戸			③点				
4	窓ガラス・鏡				④点			
5	電源スイッチ・押しボタン					④点		
6	電話機						③点	
7	蛍光灯とかさ							③点

備考
- ○印の清掃項目を実施する．
- ○印の中の数字は，評価者4人の1人平均値
- 得点は5点満点とする．
- ○印の中の合計＝24点．
- 満点1人×5点×7項目＝35点
- 達成率＝$\dfrac{24}{35}\times 100 = 68.6\%$
- 来年の目標を設けることもある．

5.2.5　身だしなみの○×判断

(1) 価値観（ものさし）は変化する

常識は時代とともに変わるが，人間集団で必要なものはなくしてはならな

い．ただそのウエイトの置き方や仕方の中身は，時代とともに改善があっても，本体そのものを消してしまうのは大きな誤りである．「モノ」づくりや「サービス」の基本となるTQM*，改善，新5Sなどもその一つである．江戸時代のちょんまげ（今残っているのはお相撲さん）を例にあげるまでもなく，戦後，昭和20年（1945年）8月15日を境に，今では日本人の価値観は大きく変化した．

男女同権，男女の茶髪・金髪，女性の歩きたばこ，ファッションと称するぼろぼろのジーンズなど様々である．

このように価値観の異なる現代社会で，例えば身だしなみ一つ考えても，観る人の価値観により異なる．正常・異常の画一的な線引きは難しい（図3.20）．

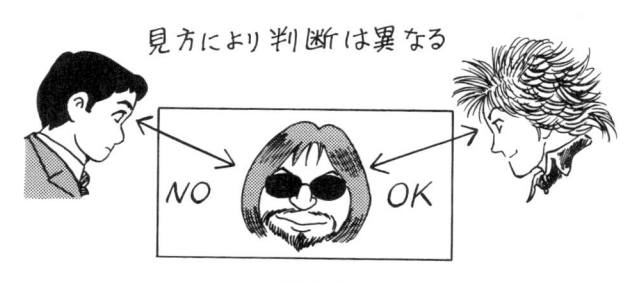

図3.20

(2) 業界の正常か異常かの判断基準

それぞれの業界では，その職種により判断基準が異なる．

例えば，従業員の身だしなみの良し悪し一つを取り上げても，化学，医薬品，銀行，証券，鉄鋼，金属，サービスの企業では判断基準は変わってくる．

V社で長髪は問題なくても，W社では問題ありということである（図3.21）．

業種に関係なく共通することは，挨拶をする，職場のエチケット（身だしなみなど），言葉づかい，親切な応対，などである．

これらのマナーに関することは，マニュアルをつくって，教育・訓練する．

---

* TQM : Total Quality Management　総合的品質管理．平成8年(1996年)4月にTQC : Total Quality Control　全社的品質管理から名称変更．

図 3.21

5.2.6 禁煙・分煙

　他人が吸ったたばこの煙を吸わされることを受動喫煙という．たばこを吸わない非喫煙者が，喫煙している人の周囲にいるだけで，自分の意志に関係なくたばこを吸うことになる．

　特に灰皿に置いたたばこから出る副流煙は，人体に及ぼす害が大きいといわれる．駅のホームでも離れた喫煙所から煙が流れてくることもある．平成15年（2003年）健康増進法が施行されたことで，受動喫煙の防止のために企業，官公庁，公共交通機関などは禁煙化や分煙化の流れに拍車をかけている（写真3.65～写真3.66）．

写真 3.65　エアーカーテン（矢印）　　写真 3.66　喫煙台

　事務所も喫煙禁止が主流となっており，喫煙室（分煙）を設けて対応するところが多くなってきている．ただし，分煙も換気が十分でなかったり，完全に仕切られていない場合は，煙が流れてくるので分煙の意味がない．分煙にはコ

5. 清掃・清潔について

ストがかかるが，喫煙室をつくる方がよい．なお喫煙者は，たばこの吸い殻を水で消して吸い殻入れに入れる．また，吸い殻入れはためないよう管理基準をつくって処理する．また，歩行禁煙，喫煙禁止の張り紙は通路，廊下には張らない．トイレ内の禁煙の張り紙も同じでモラルの低さが分かる．

5.2.7 床のファイル

床にファイルは，置かない．

チューブファイル（パイプファイル）を，ほこりや泥のついた床に直接置いて仕事をするのはやめよう．不衛生（不潔）だからである（図3.22）．新聞紙や段ボールを敷けばよいではないかという意見もあるが，置くことを考えるより，置かなくてもよい方法を考えよう．

写真3.67 清潔な喫煙室

図3.22 床のファイル

仕事に必要なファイルが多すぎて置き場がないというのなら，ファイルを減らす，仕事の仕方を変える，書庫に移す．書庫がいっぱいで置けないなら，関係者が話し合い，整理・整頓をして，書庫に置けるようにする．

写真3.68は，床に直接ファイルを置かないためにラックワゴンを使うという方法がある．手づくりのラックワゴンであるが，市販品もいろいろある．

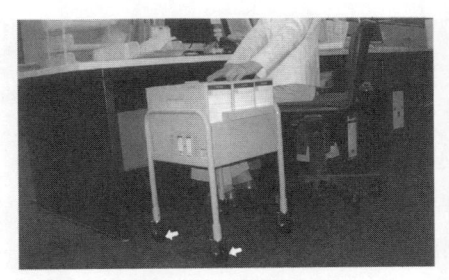

写真 3.68 手づくりのラックワゴン

5.2.8 清潔な事務所とは

社員のマナー，モラルがよく，整理・整頓・清掃がされ清潔（クリーン）な，一目見てきれいな事務所は，見通しがよく，正常か異常かがすぐに分かる工夫がされている．

ロッカー，書棚・整理棚で仕切りをしたり囲いをつくらない．もし囲いをするなら，低いつい立てを用いる．

① 通路や廊下に「モノ」が置かれていない．特に安全確保の観点から「モノ」は置かない．
② 机，いす，ごみ箱，キャビネット，ロッカー，書棚など，位置決めがされ，守られている．
③ 上着をいすに掛けたり，机の上に置いていない．デスクマットを敷いていない，またはデスクマットの下にいろいろな「モノ」が敷かれていない．
④ 机やその周辺に書類が山積みされていたり，机の下に「モノ」が置かれていない．
⑤ 机の上にペットボトルやコーヒーカップなどがそのまま置かれていない．
⑥ 窓ガラスやドアのガラスが磨かれピカピカである．窓ガラスの桟にほこりが付いていない．
⑦ ガラスに張り紙がなく，張り紙をしていたセロテープの跡もなくきれいである．
⑧ ファイルや図書が整然と並べられている．

5. 清掃・清潔について

⑨ 掲示物が所定の掲示板に水平に張られている（写真 3.69）．

⑩ 床やカーペット，マットに，ほこりやごみが落ちていないのできれいである．

⑪ 蛍光灯の高さやヒモの長さが一定で，蛍光灯がほこりで汚れていない．また，規定の照度（ルクス）が守られている．

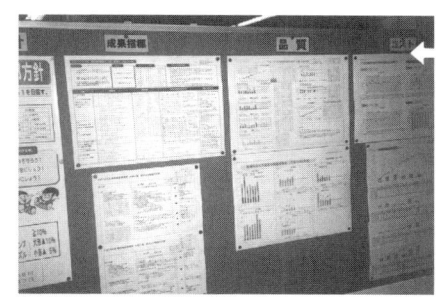

写真 3.69 掲示は上を一直線にすると見やすい

⑫ 消火器の置き場が一目で分かる高さに表示されている（写真 3.70）．標識を取り付ける高さは，天井の高さにもよるが，普通の床面から標識の下まで 2.2～2.5 m を目安とする．

⑬ 換気がされている．

⑭ 終業後，机上には，パソコン，電話機しか置いていない（写真 3.71）．（一日の仕事のけじめをつける．翌朝，机の掃除がしやすい）

これらの項目は，事務所の環境チェックシートとしても使うことができる．

写真 3.70 知的障害者介護施設廊下の消火器表示

写真 3.71 終業後の事務所

5.3 清掃・清潔の実施例

清掃・清潔の実例について紹介する．

F社の掃除は，春夏秋冬，始業1時間前から会社前の一般道路の掃除から始まる．その距離 0.5 km．掃除をする人数は，すべて自主的に行っているので日によってばらばらである（写真 3.72）．

写真 3.72 早朝の道路掃除

社内では，階段入り口のPタイルの床に付着した靴跡の汚れをナイロンたわしで拭き取っている［事務所でも床の仕切線（白線）を拭くところもある］．

階段も一段一段，ていねいにぞうきんで拭く．拭くというより磨きあげている（写真 3.73，写真 3.74）．

写真 3.73 床の靴跡を拭き取る　　**写真 3.74** 階段を拭く

事務所内は，退社の際，いすを机上に乗せて帰るルールなので，朝の床掃除がしやすい．床もぞうきんで拭く．次に，いすを降ろし，机上を拭いている．

この朝の掃除は，トイレ掃除も含め男女，役職に関係なく楽しく行われていた（写真 3.75）．

写真 3.75 男女一緒に朝の掃除

6. 安全について

安全の基本は「自分の体は自分で守る」，「決められたルールは守る」ということである．躾でルールを守る心ができれば，けがはなくなる．新 5S は，「安全の基本」である．けがは，直接部門も間接部門も関係なく，発生する（写真 3.76）．

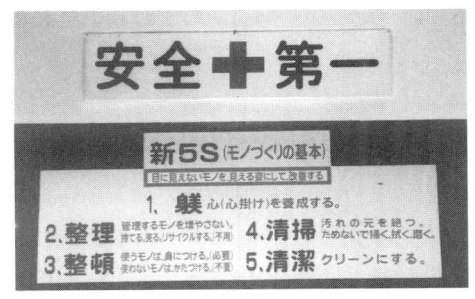

写真 3.76 安全の基本は新 5S

通常，けがは，本人のうっかりミス（不注意）によることが多い．例えば，急いで通路を歩くとき，少しでも近道をしたいという人間の本能に起因する行動が原因であり，そこに KYK（危険予知訓練）を受けても知識ではどうにも

図 3.23 ルール違反はけがのもと

ならない安全確保の難しさがある（図 3.23）．

実例として，間接部門の人が○○作業台から△△課へ移動中，近道をしようと商品搬出口の鉄製枠をくぐり抜けようとしたとき，搬出口上部枠に頭頂部を強打し頭部を裂傷した．ルールを守ることがいかに難しいかを，物語っている．

6.1 階　　段

間接部門も階段でのけがは多い．事務所のまわりを見直してみよう．

6.1.1 通行ルール

階段の通行ルール（右側か左側か）を決める．

企業では，構内の通行ルールを決めていないところもある．我が国の原則を考えてみる．我が国は，昭和 20 年（1945 年）8 月までは，人も車も左側通行と決められていた．終戦後，米国は自国と同じように人も車も右側通行に変えようと試みた．しかし，社会設備，習慣などの関係からうまくいかず，その妥協案として，昭和 22 年（1947 年）の道路交通法の改正で「車は左側，人は右側」という対面通行なる方式に決まり，今日に至っている．しかし，大阪のエスカレーターは急ぐ人のために左側を空ける．東京では右側を空ける．これに

6. 安全について　　　　　　　　　　　　　　　155

はいろいろな説があるようだ（写真 3.77，写真 3.78）．写真 3.79 は，階段上り口の表示である．降り口は，最上段の踊り場に一つ矢印を付ければよい．

写真 3.77　東京のエスカレーター，右側を空ける

写真 3.78　大阪のエスカレーター，左側を空ける

写真 3.79　階段上り口，右側通行表示

6.1.2　手すりの表示

階段の転落事故を防ぐため，注意を喚起するのに表示をする．表示は昇るところと降りるところの手すりにする．特にハイヒールの人は気をつける（写真 3.80，写真 3.81）．

写真 3.80　手すりの安全喚起の表示

写真 3.81　らせん階段も表示するとよい

6.2 ドア

6.2.1 ドアの開閉範囲

ドアを開けたとき，よくぶつかることがある．ドアが開く範囲に線を描くことにより，注意を喚起し，事故を防ぐ．線の幅・色・描き方，ペンキ塗りか・テープ張りかの基準を決めておくとよい（写真 3.82，写真 3.83）．

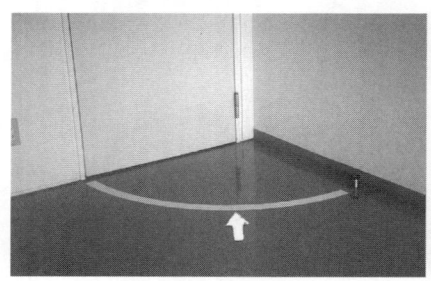

写真 3.82 右側が壁，曲線必要

写真 3.83 ドアを開くと危ない，曲線と直線が必要

6.2.2 ドアの取っ手の表示

ドアの取っ手（ノブ）に「押・引」，「ひき戸」の表示をする．表示は大きく見やすくする．ただし，ガラスには張らない（写真 3.84，写真 3.85）．

写真 3.84 押・引の表示

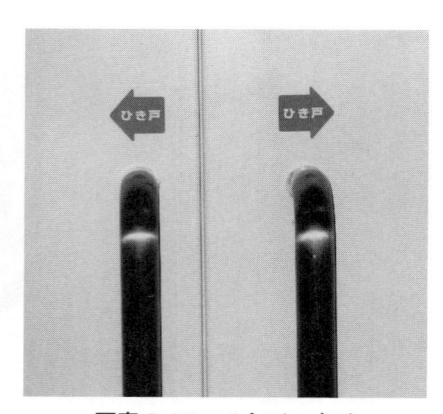

写真 3.85 ひき戸の表示

6.3 床

6.3.1 床にこぼれた水

Pタイルの床にこぼれていた水で，滑ってころんでけがをすることがある．水はこぼした人が面倒でも責任をもってすぐ拭き取る．

6.3.2 消火器前の「モノ」

消火器や消火栓の前には「モノ」を置かない．火災発生のとき，消火の妨げになるからだ（写真3.86, 写真3.87）．

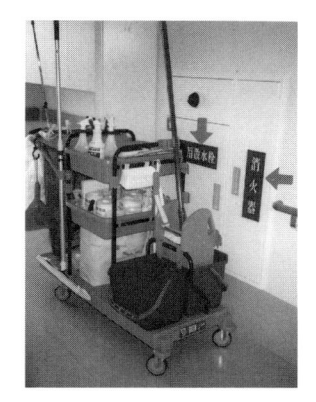

写真 3.86 消火栓・消火器の前に「モノ」は置かない

写真 3.87 消火栓の前に「モノ」置き禁止の表示

6.3.3 床の吸い殻，たばこの灰

火災予防のため，吸い殻入れには，水を入れておくか，水で消して捨てる．吸い殻入れに捨てる基準線を描き，吸い殻が基準線までたまったら捨てる（写真3.88）．

写真 3.88 吸い殻は水で消す

6.4 1対29対300の法則

安全管理の基本に1対29対300の法則がある．この法則は，一つの大きな事故の背景には29の小さな事故が発生，さらにその背景には傷害までには至らないが300にも及ぶアクシデントがあったというもので，ハインリッヒの法則とも呼ばれている（図3.24）．

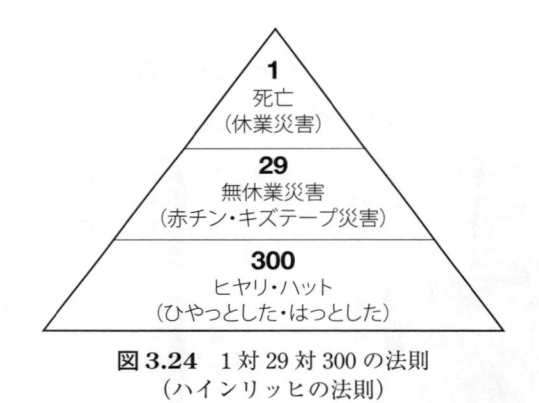

図3.24 1対29対300の法則
（ハインリッヒの法則）

ピラミッド図：
- 1 死亡（休業災害）
- 29 無休業災害（赤チン・キズテープ災害）
- 300 ヒヤリ・ハット（ひやっとした・はっとした）

インフルエンザなどで人が休むことは，仲間に迷惑をかけるし，結果として企業にとっては「1」の休業災害のようなものである．

「モノ」をつくったり「サービス」をするのは人である．インフルエンザの予防として手洗い，うがいをする．これも，事故ではないが，1対29対300のヒヤリ・ハットの範ちゅうといえよう．次にヒヤリ・ハットの事例を紹介する．

6.4.1 危い「モノ」の置き方

ロッカーの上の保存箱を取るのに，いすを踏み台代わりにすることがある．このとき，いすが回ると，危ない．「モノ」は，高い所に置かない（写真3.89）．

6. 安全について

写真 3.89 高い所に置かない

6.4.2 給湯室で踏み台は使わない

給湯室の食器棚が，メーカーの規格品で最上段が 2 m あり，高い．背の低い人は毎日，踏み台を使って，食器を取り扱っている．踏み台を取りにいく→踏み台を置く→踏み台に乗る→食器を取り扱う→踏み台から降りる→元に戻す．このようにムダな動き（工数）がかかるだけでなく，毎日の繰り返しなので，滑ったり，めまいがして落下したりするおそれがあり，危険である*．踏み台を使わないよう改善の必要がある（図3.25）．

図 3.25

6.4.3 メニューの画びょうどめ

レストランで壁に画びょうでとめているメニューを見かける．食べる商売だから，画びょうが落ちて口に入らないとも限らない．また，床に落ちた画びょうを子どもが踏んでけがをするかもしれない．危い要因は最初からゼロにするとよい．この例も 1 対 29 対 300 のヒヤリ・ハットの範ちゅうに入る．最近は，メニューを張ったり，パネル掲示が多くなってきている（図3.26）．

---

* 現在，介護用として昇降できる食器棚が市販されている．

図3.26 画びょうが落ちると危ない

6.4.4 食品売場の輪ゴムの色

食品売場で用いている茶色の輪ゴムは，包装の際，食品の茶色のコロッケや豚カツなど揚げ物の色に似ているので，食品に紛れ込むと分かりにくい．

包装の際，紛れ込まないように，もし紛れ込んでもすぐ分かるように，赤色，緑色などに着色した輪ゴムを用いている売場もある．

6.4.5 置き方が危ない消火器

写真3.90は，小さな地震でも「消火器」が落下する恐れがある．このような不安定な置き方をしてはならない．

6.5 電源スイッチ

電源スイッチを切る．ガスの元栓を止める．水道の蛇口を締め安全の確認をする．確認の方法は，部屋を最後に出る人がチェックシートでチェックして部屋を出る（表4.18参照，p.186）．

6. 安全について　　　　　　　　　　　161

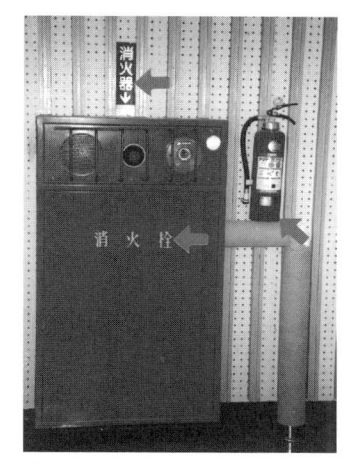

写真 3.90　置き方が危ない消火器

6.6　地震・火事などの備え

　地震で放送局デスクの揺れが映されるが，事務所の乱雑さには驚かされる．エリート集団である放送局，新聞社なども，ぜひ整理・整頓をするとよい．
　① 　ストッパーをつける
　　　書棚，ロッカー，キャビネットにストッパーをつける．
　② 　高い所に「モノ」を置かない
　　　書棚，ロッカーの上に「モノ」を置かない．
　③ 　「モノ」は決められた場所に置く
　　　窓際，床，通路，廊下には「モノ」を置かない．地震・火事など，いざというとき，避難の妨げとなる．
　④ 　食器棚の戸はロックする
　　　給湯室の食器棚は，戸が開いて食器が飛び出ないよう戸が開かないようにする．
　⑤ 　非常口の通路を確保する
　　　非常口の標識の照明は点灯しているか．非常口の標識は，どこにいても

見えないと不安である．普段は気がつかないが，いつ地震や火事に遭遇するか分からない私たちは，自分で身を守る準備が大切である．

第4章

間接部門の新5Sチェックシート

第4章　間接部門の新5Sチェックシート

　この章では，製造業の間接部門の新5Sの進捗状態をチェック・評価して改善するのに用いる，新5Sチェックシート（以下，チェックシートと呼ぶ）のつくり方，チェックの仕方及び評価の仕方について述べる．なお，これらは直接部門の現場事務所をはじめ，非製造業の間接・直接部門及び自治体の事務所にも適用できるようになっている．

1. チェックシートのつくり方と参考例

　新5S活動の進め方は多様である［参考文献6）第5章儲ける新5S活動の進め方参照］．一般的には，新5Sを推進する「新5S委員会」とか，「新5S世話人会」をつくり，組織的に進める．その進め方の一つとしてチェックシートを用いる方法がある．次にチェックシートのつくり方と躾・整理・整頓・清掃・清潔のそれぞれについて，参考事例を紹介する．

1.1　チェックシートとは

　「新5Sチェックシート」とは，躾・整理・整頓・清掃・清潔について，チェック項目を設け，それぞれのチェック項目の評価レベルによる評価（得点）欄を設けたものである．なお，チェックシートには，チェック箇所，対策・アドバイス欄を設けると改善の役に立つ．
　チェック項目の名称は，チェックポイント，点検項目，評価ポイント，評価項目，実施項目，実施事項などの呼び方がある．
　チェックシートの目的は，一般にチェック項目に従って現状をチェック（点検）し，その結果を簡単なマークや評価点（得点）を記入して集計・分析する．それによって新5Sの状態をつかみ，悪いところがあれば，改める（改善する）ことである．
　チェック（点検）の方法は，
　　① 新5S委員（新5S世話人）や安全衛生委員が職場を巡回してチェックする．

② 異なる部署の新 5S 委員（新 5S 世話人）や安全衛生委員が相互にチェックしあう．
③ 小集団活動でメンバーがチェックする．
④ 新 5S モニターがチェックする．など．

1.2 チェックシートのつくり方

手順 1 チェックシートの目的をはっきりさせる．

例えば，各部署の「ムダ」をなくしたり，事務所の環境や人間関係（コミュニケーション）をよくしたりするために，

① 各部署の悪さの状態を把握したい．
② 新 5S 区分（躾・整理・整頓・清掃・清潔）のどの部分が悪いか知りたい．

などである．

手順 2 チェックシートは見やすく，簡単にチェックできる様式にして，記載する項目を決める．記載する項目は，一般的に表 4.1 に示す項目が多い．

表 4.1 チェックシートに記載する項目

① チェックシートの躾・整理・整頓・清掃・清潔の分類表示
② 区分や場所
③ チェック項目
④ 評価レベル・評価点（得点）
⑤ チェック箇所
⑥ 対策・アドバイス
⑦ チェック月日，（曜日），チェック者（実際チェックする場合）

例えば，表 4.2 の 5 点評価レベルの新 5S チェックシートの枠の中に①，②，…，⑦と表 4.1 の項目を記載する．

次に記載要領を示す．

① ［ ］の中は，躾・整理・整頓・清掃・清潔の分類を示す．
② 区分，場所は，対象を層別して記入する．

表 4.2 5点評価のチェックシート例

区分 場所②		新5S [　]① チェックシート						月／日(曜)	
								チェック者	
No.	チェック項目③	評価レベル④					チェック箇所⑤	対策・アドバイス⑥	
		1点	2点	3点	4点	5点			
1									
2									
3									

例1　区分：就業心得—躾（1）．心構え，動作（表4.3）．

例2　区分：整理・整頓．場所（表4.7）．

　　なお，躾の場合は，区分を就業心得とし，場所は心構え・動作・仕事の基本としている．

③　チェック項目は，自社で本当に必要な項目を記入する．

④　評価レベルの得点の基準は，目安としての評価点のものさしで，1点，3点，5点の基準を定める．2点，4点は自由に決める．

⑤　チェック箇所は，チェックするときに期待すべきことや，短時間で要領よくどこを見るかなど，見落としをしないためのポイントを示す．

⑥　対策・アドバイスは，チェック，評価に基づき，これからよくしていくための対策やアドバイスを示す．

⑦　チェックした月／日（曜），チェック者を記入する．

手順3　目的に合ったチェック項目をつくる．

①　チェック項目は，新5S事務局がつくることもあるが，直接新5Sを実施する人たちでつくる．新5S事務局も参加する．

②　類似のチェック項目はまとめて，チェック項目は必要最小限にする．
　　なお，安易に他社のチェック項目や，市販のチェック項目を鵜呑みにして，そのまま使わないこと．自分たちの職場の実情に合ったものをつく

③　チェック項目は層別してつくる．仮に同じ部署であってもフロアが分かれているとすれば，共通項目以外は，別々のチェック項目にする．
④　共有場所のチェック項目は，関係者で話し合って，双方が納得の上で決める．この取決めには，新5S事務局も参加する．
　　共有場所は第3章5.1.5共有場所の清掃（p.141）を参照する．
⑤　共有する場所の清掃は一般に，外部業者に清掃する範囲を決め委託している企業が多い．契約外の部分は，各部署が分担して実施できるようチェック項目をつくる．
⑥　チェック項目をつくるときは，見解の相違とか誤解のないよう気をつける．そしてなるべくやさしい表現にする．
⑦　チェック項目をつくるとき，全社的なチェック項目のような漠然としたものや，その部屋に必要なチェック項目が抜けているものは新5S推進の役に立たない．

手順4　チェックシートの様式をつくる．
①　チェックシートの様式は，見やすく簡単にチェックできるチェック項目と評価レベルを設け，評価点（得点）がつけやすいように工夫する．
②　評価点のチェック（マーキング）の仕方も決めておく．チェックは数字，記号いずれでもよいが書きやすくする．
　　　例　○　×　△　✓

なお，チェックシートは活用されてはじめて役に立つものである．次のような点に気をつける．
　・決められた仕方を守る．
　・決められた項目はきちんと記入する．
　・チェックの目的を考えながら使う．

手順5　チェックシートの評価レベル（評価点のつけ方）を決める．
（2.の新5S評価レベルの考え方と仕方を参照する）．

手順6　評価点と実情が異なる場合は原因を調べる．

チェック項目に従ってチェックした結果（評価点）と実態とが異なる場合がある．例えば，評価点は高得点だが，実態はそれほど躾，整理・整頓，清掃，清潔がよくないことがある．推察される原因として以下のことが考えられる．

・チェック項目が適切でない．
・評価する人の評価点の"ばらつき"が大きい（感性の違いで変わる）．
・巡回時間，巡回時期，巡回コース，巡回頻度，観察時間が適切でない．

これらの点を検討して改めるところは改める．このケースでは，チェック項目が適切でないことが一般に多い．

手順7 チェックシートを用いる上での注意点

① チェック項目は，自分たちの事務所に適合しているか確認する．漏れがあれば追加する．

② 改善されて必要がなくなったチェック項目は削除する（チェック項目はポイントをしぼり，項目数はできるだけ少なくする）．

③ チェックをしているときに気づいたことは，作成部署に連絡して新5Sチェック項目を改訂する．

1.3 5点評価チェックシート

事務所は，様々な考えを持った人が，同じ目的に向かって相互に協力しあって働く場所である．そこで，仕事を進めていく上でルールが必要になる．

躾はこのルールを就業心得として守らせなければならないわけであるが，就業心得は職場マナー（行儀作法）と作業規律に大きく分けることができる．

① 職場マナー（行儀作法）とは，
相互に気をつけあい，楽しく仕事ができる雰囲気をつくるためのルールで挨拶，姿勢・態度，お辞儀，言葉づかい，応対など人間関係の基本的な心構えと動作を身につけることである．

② 作業規律とは，
日常，円滑に仕事をするためのルールであり，仕事を進める上で必要な基本的な態度・心構えをしっかり身につけることである．すなわち，

- 社内標準（規則，規程，基準，手続き，手順＜マニュアル＞など）を順守しなければならない．
- 会社の機密事項を守る．
- 就業時間をはじめ，決められた時間を守る．
- 公私混同しない．
- 行き先を明らかにする．
- OA機器，周辺機器，事務用品は大切に取り扱う．

などである．

次に就業心得を新5S活動で実施する場合の例として，躾の5点評価のチェックシートの例を表4.3～表4.6に紹介する．

① 区分：就業心得—(1)．心構え，動作では，職場マナー（行儀作法）についてチェック項目と五つの評価レベルのチェックシートをつくり，現状をチェックして評価する（表4.3）．

② 区分：就業心得—(3)．態度，心構えでは，作業規律についてチェック項目と五つの評価レベルのチェックシートをつくり，現状をチェックして評価する（表4.5）．なお，躾(2)，(4)も同じようにつくる．

同様に整理・整頓，清掃，清潔についても，区分に関する場所ごとにチェック項目と五つの評価レベルのチェックシートをつくり，現状をチェックして評価する（表4.7～表4.13）．

表4.3 躾のチェックシート(その1)

新5S[躾(しつけ)]チェックシート

区分	就業心得－躾(1)		
心構え	職場マナー(行儀作法)		
動作	●挨拶／お辞儀／姿勢・態度／言葉づかい		

		月／日(曜)	
		チェック者	

No.	チェック項目	評価レベル					チェック箇所	対策・アドバイス
		1点	2点	3点	4点	5点		
	[挨拶]							
	おはようございます	する 20%以下		同左 50～60%		はっきり元気よくする 90%以上	・元気よく「おはようございます」と挨拶しているか	・挨拶は相手より先にするよう心がける
	ありがとう	する 20%以下		同左 50～60%		はっきり感じよくする 90%以上	・心からお礼をしているか	・「ありがとう」は相手の厚意に対する感謝の言葉である
	すみません	する 20%以下		同左 50～60%		はっきり素直にする 90%以上	・失礼したときは素直に詫びているか	・「すみません」「申し訳ございません」と詫びちょっと相手に迷惑のかかるときも使う
	お疲れさまでした	する 20%以下		同左 50～60%		心からはっきりする 90%以上	・タイミングよくしているか	・口先だけでなく、相手の労をねぎらって心から言う
	お先に失礼します、さようなら	する 20%以下		同左 50～60%		はっきり感じよくする 90%以上	・お互いが相手の労をねぎらって気持ちよくしているか	・先輩・上司に対しては「さようなら」より「お先に失礼します」がよい
	[お辞儀] 朝の挨拶のときしている	している 20%以下		同左 50～60%		同左 90%以上	・明るく大きな声でしているか	・お辞儀、は相手に敬意を払う習慣である ・お辞儀は相手より先にする
	通路か廊下ですれ違ったときもしている	している 20%以下		同左 50～60%		同左 90%以上	・顔見知りなら軽く声をかけあっているか	・相手に敬意を払う気持ちを持つことが大切である
	謝るときもしている	している 20%以下		同左 50～60%		同左 90%以上	・お辞儀をきちんとしているか	・本心からお詫びする気持ちが態度に表れる

注 No. 欄の記入は必要により用いる。(以下同様)

1. チェックシートのつくり方と参考例

表 4.4 躾のチェックシート（その2）

新5S [躾（しつけ）] チェックシート

区　分	就業心得一躾（行儀作法）
心構え	職場マナー（行儀作法）
動作	●挨拶／お辞儀・態度／言葉づかい

	月／日（曜）
	チェック者

No.	チェック項目	評価レベル					チェック箇所	対策・アドバイス
		1点	2点	3点	4点	5点		
	[姿勢・態度] 定刻に出勤する	定刻ギリギリに来る 20％以下		5分前に来る 50〜60％		15分以上前に来る 90％以上	・始業直前に席につくと周囲の人に迷惑をかけていないか	・仕事をする心構えができるよう余裕のある出勤を励む
	朝礼、昼礼、夕礼、体操などに参加する	参加率 60％未満		同左 60〜80％未満		同左 80％以上	・始業前のウォーミングアップになっているか	・情報の伝達・収集などに役立てる
	決められた服装をする（服、帽子、名札）	している 20％以下		同左 50〜60％		同左 90％以上	・ユニホーム／名札／バッジ／安全靴、安全メガネなどの保護具を着用しているか・朝礼などで確かめているか	・安全第一の心構えで仕事をする
	清潔な身なりをする	している 20％以下		同左 50〜60％		同左 90％以上	・汚いユニホーム、帽子／フケのいた髪の毛、職場によっては厚化粧、長い髪の毛、長い爪・朝礼で確かめているか	・職場での"身だしなみ"は清潔が第一である
	先輩、同僚に横柄な態度をとる	横柄な態度 80％以上		同左 50〜60％		同左 10％以下	・横柄な態度（言葉づかい、ふるまい、しぐさ）の内容をつかむ	・本人の意見を十分聞いてやる
	傘は巻いて傘立てにいれているか	入れている 20％以下		同左 50〜60％		同左 90％以上	・傘の放置をしていないかチェックする・傘の入れ方は正しいか	・朝礼などで声かけをする・そのときは理由も話し納得させる
	[言葉づかい] だれが聞いても分かりやすい	分かりやすい 20％以下		同左 50〜60％		同左 90％以上	・職場で使う独特の用語は新入者用にマニュアルをつくっているか	・話し方は訓練すれば上達する方言でいじくしくないよう励ましてやる
	テレビ、ラジオなどで覚えた変な流行語を使っている	使っている 90％以上		同左 50〜60％		同左 20％以下	・比較的20代以下の男女に多い	・黙認しないで正常な言葉を使わせる
	敬語は正しく使う	使っている 20％以下		同左 50〜60％		同左 90％以上	・職場での話のやりとりを注意して聞く	・敬語の使い方は訓練する

第 4 章　間接部門の新 5S チェックシート

表 4.5　躾のチェックシート（その 3）

新 5S［躾（しつけ）］チェックシート

区　分	就業心得一覧 (3)
態度心構え	作業規律 ●就業規則／就業時間／公 　私混同／行き先明示他

チェック者　　　　　　　　月／日（　）

No.	チェック項目	評価レベル 1点	2点	3点	4点	5点	チェック箇所	対策・アドバイス
	[就業規則] 他人のタイムカードを押している	押している 10%以上		同左 5%くらい		同左 0%	・タイムレコーダの汚れなどもチェックする	・目の届く所に設置する ・採用のとき説明する
	許しを得ないで勝手に休んでいる	いる 5%以上		同左 3%		同左 0%	・個人ごとに記録をとっているか	・採用のとき説明する ・無断欠勤常習者には事前にアドバイスする
	休暇をとる前日までに連絡しない	しない 5%以上		同左 3%くらい		同左 0%	・個人ごとに記録をとっているか	・職場会合をして話し合い、相互に取り決める
	決められた届出をしない	しない 5%以上		同左 3%くらい		同左 0%	・早退届／残業届／遅刻届／出張届／外出届／慶弔届など届けをしているか	・届出用紙を完備し、保管場所を決める
	[喫煙時間] 喫煙所で喫煙している	喫煙している 20%以下		同左 50～60%		同左 90%以上	・灰皿に水があるか ・吸殻でいっぱいになっていないか	・喫煙マナーを掲示して徹底する
	作業が始まる前に常につかない	つかない 20%以上		同左 10%くらい		同左 0%	・作業準備ができ終っているか	・作業が始まる5分前には席につくようにOJTで教える
	会議など会合時間を守らない	守らない 20%以上		同左 10%くらい		同左 0%	・出欠、遅刻、早退記録をとっているか	・計画的に事前手配をする
	休憩時間を守らない	守らない 20%以上		同左 10%くらい		同左 0%	・休憩時間前後の離席、始業ともに席についつながるか	・休憩前後だらしなくすると、品質不良、事故につながる
	終業時間前に帰り支度をする	する 20%以上		同左 10%くらい		同左 0%	・ロッカー、タイムレコーダーの前で待機していないか	・掃除時間は作業中にするか作業後にするかはっきりする

1. チェックシートのつくり方と参考例　　173

表 4.6 躾のチェックシート（その 4）

新 5S［躾（しつけ）］チェックシート

区分	鉄業心得一躾（4）	月／日（曜）　　月　日（　）
態度　心構え	作業規律　●作業規則／就業時間／公私混同／行き先明示他	チェック者

No.	チェック項目	評価レベル					チェック箇所	対策・アドバイス
		1 点	2 点	3 点	4 点	5 点		
	[公私混同]　私用電話、ケイタイ、eメールをしている	している　40%以上		同左　20%くらい		同左　0%	・比較的リーダークラスに多い	・休憩時間にかける　・公衆電話を使う
	事務用品など私的なことを持ち帰っている	持ち帰っている　40%以上		同左　20%くらい		同左　0%	・事務用品の保管の仕方や、なくさないように工夫しているかがわかる。	・使い放題使わせないよう支給方法を決める
	時間中に私的な読書や仕事外のことをしている	している　30%以上		同左　20%くらい		同左　0%	・比較的高齢者の人に多い	・上司が注意する　・周囲で働いている人に配慮する
	就業中私的なことで人を使っている	使っている　30%以上		同左　20%くらい		同左　0%	・比較的リーダークラスに多い	・相手の都合を考えるよう自覚する
	[行き先明示]　しばしば黙って席を離れている	離れている　30%以上		同左　20%くらい		同左　0%	・どんな行き先表示板があるか確かめる	・離席の多い人のデータを取り理由を正しくつかみ処置をとる
	席を離れるとき、行き先や所要時間を隣の人か責任者に伝えない	伝えない　30%以上		同左　20%くらい		同左　0%	・比較的管理・監督職に多い	・率先して行き先表示板を使い範を示す

表 4.7 整理・整頓のチェックシート (その1)

新5S[整理・整頓]チェックシート

区分	整理・整頓 (1)
場所	●事務所／会議室／応接室／給湯室／更衣室／トイレ／喫茶所／社員食堂／玄関他

チェック者　　　　　月／日（曜）　　　　　月　日（　）

No.	チェック項目	評価レベル 1点	2点	3点	4点	5点	チェック箇所	対策・アドバイス
	[事務所]							
	机上のスペースは広く使っているか	スペースが10%以下でである		スペースが50%くらいである		スペースが80%以上でである	机上のデスクマット下の不要物はないか・机上の勝手をよくする工夫をしているか	・不要物はその都度片付けデスクマットは管理工数を少なくする、掃除しやすくするためしない
	机の下に不用なモノを置いていないか	100%置いている		50%くらい置いている		何も置いていない	机の周りもチェックする	・週1回くらい、一斉廃棄の日を決めて実施する
	ファイルの背表紙に保管がしやすい表示をしているか	ほとんど表示していない		50%くらい表示している		100%表示し整然と保管している	背表紙の整理表示どおりに並べているか	・背表紙に整理の仕方の表示基準をつくる
	共有品は所定の場所に戻されているか	100%戻されていない		50%くらい戻されている		100%戻されている	戻さない人に限られているので、だれかをつかむ	・戻さない人には、マンツーマンで戻すように地道に教える
	ごみの分別は守られているか	100%守られていない		50%くらい守られている		100%守られている	3現主義で確認する	・分別しやすく分かりやすい表示をする
	[会議室／応接室]							
	灰皿は片付けてあるか	使うときまで片付けていない		灰皿、いすが片付けられている		使用が終わったらすぐ所定の位置に片付けている	机の並べ方は正しいか・いすは机の下にあるか・応接室の額は傾いていないか	・机の正しい位置を決めておく・額の傾きがあるかの基準を設ける
	白板・黒板・ホワイトボード・マーカー、チョーク、黒板拭きはあるか	筆記具10本以上黒板消し3個以上		筆記具5本黒板消し2個		筆記具普通は3本黒板消し1個	筆記具の置いてあるところに不用なモノを置いていないか	・不要な筆記具の入れものを設ける
	新聞紙や雑誌は所定の位置に置いているか	前日の新聞があったり、決めた位置に雑誌がない		置いてはあるが散らかっている		所定の位置に正しく置いてある	新聞は決められたとおり綴じてあるか・雑誌は表紙が汚れていないか	・雑誌はどこに置くか位置を決めて表示する
	[給湯室]							
	食器類は整理・整頓しているか	整理・整頓は全然していない		食器は置いてあるが表示がない		食器置き場所の表示が整然と置かれている	食器以外お菓子やジュース缶を置いていないか	・食器をどこに置くか棚に位置決めを表示する
	流し台の布きんぞうきん置き場を決めているか	置き場を決めていない		置き場は決めているが守られていない		置き場を決めて守っている	混同して使っていないか	・布きんぞうきんは大きさや色を変えて区別する・布きんぞうきんは掛ける位置を離す

1. チェックシートのつくり方と参考例

表 4.8 整理・整頓のチェックシート（その2）

新5S[整理・整頓]チェックシート

区分	整理・整頓(2)
場所	●事務所／会議室／応接室／給湯室／更衣室／トイレ／喫煙所／社員食堂／玄関食他

チェック者：　　　　月　日（曜）

No.	チェック項目	評価レベル 1点	2点	3点	4点	5点	チェック箇所	対策・アドバイス
	茶がらなどのごみは毎日処理しているか	処理していない異臭がする		溜まったら処理している異臭はない		毎日処理している	・茶がらにたばこの吸殻が入っていないか・ごみの分別はしているか	・掃除当番を決める
	[更衣室] ロッカーの上に「モノ」を置いていないか	ロッカーの上にはほぼ100%置いている		ロッカーの上にモノを約20%以下置いている		ロッカーの上には何も置いていない	・ロッカーの上に洋傘、弁当箱、雑誌、新聞紙、ヘルメットなどを置いていないか	・注意を呼びかける張り紙をしない・気づいた人が声かけをする
	ロッカーには鍵がかかっているか	3%以下施錠していない		80%くらいは施錠している		100%施錠している	・ロッカーに名札がついているか・壊れた鍵はないか	・ロッカーの管理担当者を決める
	[トイレ] トイレットペーパーはあるか	トイレットペーパーの補給が切れている		あるにはあるが在庫量は決めていない		在庫量を決め守られている	・床に紙きれが落ちていないか・スリッパ、サンダルが散らかっていないか	・いくつか最低保有数を決めて表示する・ほうき棒にペンキで印をつけて立てかける方が合理的である
	掃除道具が所定の位置に置いているか	掃除道具がなく壊れていて使えない		掃除道具の置き場所を決めていない		掃除道具の置き場所を決め、いつでも使える	・ほうきのともも切れ床にそのまま立てかけられている	・手づくりで入れをつくり吸殻入れに取り付ける
	[喫煙所] たばこの吸殻入れに水などないか	適当な空缶に入れ水などない		吸殻入れはたばこの水で消しているが蓋がない人もいる		吸殻入れは水を準備し、消してから入れる	・水入れに水が入っているか、汚れていないか	
	吸殻入れにいっぱい溜まっていないか	吸殻入れに80%くらい溜まっている		吸殻入れの容器の50%くらい溜まっている		吸殻入れに印をして適時捨てている	・吸殻入れ以外の「モノ」が入っていないか	・チョイ置きで中が見えるように工夫する
	[社員食堂] 食器類は決められたように返しているか	食器類を返す人は80%くらいである		食器類は80%の人が返している		決められた所に100%返している	・食器がぶつかって大きな音を出していないか	・ルールが守れない人には、張り紙よりも朝礼や気づいた人の声かけ
	食事が終わったらいすはテーブルの下に戻しているか	80%の人が戻している		80%くらいの人が戻している		100%の人が戻している	・いすとテーブルがほしこした未合計しているか	・後から使う人が気持ちよく使えることを納得させる・テーブルにごろんを置く
	[玄関] 玄関に不必要な「モノ」が置かれていないか	ごみなどチョイ置きの「モノ」がある		傘立てに置きいる傘以外の傘がある		不必要な「モノ」は何も置いていない	・玄関の隅にほこりやごみがないか	・チョイ置きのデータを取り改善する

表 4.9 清掃のチェックシート（その1）

新5S［清掃］チェックシート

区分	清掃 (1)							月 / 日（曜） 月 日（ ）
場所	●事務所／会議室／応接室／給湯室／更衣室／トイレ／喫煙所／社員食堂／玄関／構内他							チェック者

No.	チェック項目	評価レベル					チェック箇所	対策・アドバイス
		1点	2点	3点	4点	5点		
	[事務所] パソコンがほこりで汚れていないか	70％以上汚れている		30％くらい汚れている		汚れているパソコンはゼロ	・キーボードの隙間のほこり、パソコンの裏側のほこり、パソコンのコードのほこり	・OA掃除機などクリーナー用品を準備する
	机は拭き掃除をしているか、余分なホチキス・マーカーなどはないか	ほこりがいっぱいで、していない。汚れ跡がない		してはいるが汚れている		非常にきれいである	・引き出しの中、取っ手、キャビネットの中、机の下、脇机	・自分ですが、当番制にするかを取り決める
	[会議室／応接室] 白板、黒板は使用後拭いているか、余分なホワイトボードマーカーやチョークはないか	使いっぱなし		拭き方が雑である		きれいですぐ使える状態である	・白板・黒板拭き、指示棒、マグネット・チョーク、マジックペンの本数	・保管担当者を決め管理する ・使用状態の記録を残し改善に役立てる
	床面に紙くずやたばこの灰が落ちていないか	床面が非常に汚れている		掃除はしているが雑である		きれいに清掃されている	・テーブルの下 ・飲料水のこぼれた跡	・保管責任者を決め管理する ・使用状態の記録を残し改善に役立てる
	[給湯室] 床の水で汚れていないか	汚れっぱなし		少し汚れている		全然汚れていない	・布きん、ぞうきん、掃除道具の保管状態	・保管責任者を決め管理する ・使用状態の記録を残し改善に役立てる
	使用済みの食器は洗って所定の場所に置いてあるか	使いっぱなしである		洗ってあるが片付いていない		きちんと片付けてある	・食器類 ・備品の片付け	・保管責任者を決め管理する ・使用状態の記録を残し改善に役立てる ・食器を置く位置を表示する
	[更衣室] ロッカーの中にごみはないか	ひどく汚れて不衛生である		少し汚れている		いつも衛生的である	・何年も使っていない物品	・一人ひとりが掃除するよう取り決める
	掃除道具は乱雑では置かないか	乱雑に置いてある		整頓されていない		いつもきれいに整頓されている	・保管ロッカー ・掃除道具の破損状態	・保管責任者を決め管理する ・使用状態の記録を残し改善に役立てる
	[トイレ] 用便後に便器の周囲に水が散っていないか	汚く飛び散っている		少し汚れている		全然汚れていない	・便器の汚物の汚れ ・床面の水 ・トイレットペーパーの切れ端	・時折、ステッカーなどをきれいに張り注意を喚起する
	トイレが臭くないか	ものすごく臭い		少し臭く感じる		全然臭くない	・小便器の水こしを見る	・水こしの汚れがあれば掃除する

1. チェックシートのつくり方と参考例

表 4.10 清掃のチェックシート (その2)

新5S [清掃] チェックシート

区分	清掃 (2)							月／日（曜）	
場所	●事務所／会議室／応接室／給湯室／更衣室／トイレ／喫煙所／社員食堂／玄関／構内／他							チェック者	

No.	チェック項目	評価レベル					チェック箇所	対策・アドバイス
		1点	2点	3点	4点	5点		
	[喫煙所] 吸殻入れはきれいか	掃除はしない使いっぱなし		吸殻を捨てたとき、たまに掃除する		吸殻を捨てるたびに必ず掃除する	・吸殻にほかの「モノ」が混ざっていないか気をつける	・吸殻は、いつ、だれが、どこに、どのように捨てているかルールをつくる ・火災予防からも大切なことである
	喫煙台のたばこの灰や粉は拭いているか	全然拭いておらず汚れている		落とした灰や吸殻がそのままである		汚した人がその都度拭きれい	・喫煙所の床に吸殻や灰が落ちていないか	・チェックシートで評価し改善する ・喫煙台の側にちりとんを置くようにする ・入った人が拭くようにする
	[社員食堂] 厨房はきれいに掃除しているか	掃除が不十分で非常に不衛生に感じる		掃除はしているが雑である		非常に清潔で衛生的である	・汚れ、ゴキブリ、フン	・チェックシートで評価し改善する ・外部の業者に委託する ・殺虫剤を置く
	テーブルクロスは拭いているか	たまに拭いている		拭き忘れがある		必ず拭いてきれいである	・湯・水のこぼれ ・テーブルクロスは正常の位置か	・チェックシートで評価し改善する ・外部の業者に委託する
	食器類は並んでいないか	たびたび破損品がある		たまに破損品がある		全く破損品はない	・食器の汚れ、ヒビ、カケ	・チェックシートで評価し改善する ・外部の業者に委託する
	[玄関] 玄関のドアのガラスはきれいか	拭いていないし不潔である		部分的に汚れている		いつも清掃をされ清潔である	・下足のマット、置き傘の放置 ・表示物の汚れ ・ガラスについた指紋	・チェックシートで評価し改善する ・外部の業者に委託する
	玄関の前の道路はきれいか	掃除はしていない		掃除はしているが汚れている		いつも清掃をされ清潔である	・ごみ ・不用なもの	・役割・分担を決め掃除する ・外部の業者に委託する
	床面にごみが落ちていないか	掃除はしていない		掃除はしているがごみがときどき落ちている		いつも清掃をされごみひとつない	・不要品の放置 ・物の隅、柱の陰	・役割・分担を決め掃除する ・外部の業者に委託する
	[構内] 雑草が生えていないか	雑草だらけである		部分的に生えている		いつも草刈し雑草はない	・花壇、鉢、木	・役割・分担を決め掃除する ・外部の業者に委託する
	ごみが落ちていないか	たくさんごみがあり汚い		少し落ちている		清掃されごみひとつない	・たばこの吸殻、ごみ捨て場	・役割・分担を決め掃除する ・外部の業者に委託する

表4.11 清潔のチェックシート（その1）

新5S [清潔] チェックシート

区分	清潔 (1) ●事務所／会議室／応接室／更衣室／トイレ／喫煙所／社員食堂／玄関／構内他							月／日（曜）	月　日（　）
場所								チェック者	
No.	チェック項目	1点	2点	評価レベル 3点	4点	5点	チェック箇所	対策・アドバイス	
	[事務所] 事務所のガラス窓は磨かれているか	磨いていない、拭いていないでほこりで曇っている		ほこりで薄汚れている程度		磨かれていてピカピカである	桟を指でこすってほこりがついていないか調べる	・リーダーが率先して磨く・みんなで話し合って磨く	
	机やキャビネットの位置がずれていないか	非常にずれている		ずれていないが位置決めしていない		いつも全然ずれていない	机の位置ずれ、ごみ箱の位置	・机の脚やキャビネットの位置ずれがわかるように位置決め印をする	
	キャビネット、ロッカー、本棚の中は乱れていないか	いらないものがたくさんある		いらないものがはみ出したりが汚れている		いつも整頓としており きれいである	・ボロボロのファイル、隅のほこり、取っ手のガラスの手あか	・ルールを決め週1回というように定期的に片付ける	
	いすの上に書類を置いたり、衣服を掛けていないか	いすの上に書類が積んでありいすに衣服を掛けている		いすに衣服は掛けていないが書類をが書類を置いてある		いつもいすは正常に使われている	・汚れた座布団、膝掛け	・作業規律を守る	
	電話機、キャビネット、ロッカー、トイレ等のいすの取っ手や書類が汚れていないか	いつも汚れている		汚れが十分に取れていない		いつも清潔である	・ファイルの汚れ、破損の状態	・みんなで話し合い、各人が毎日周囲のものを拭くよう習慣づける	
	離席のときいすは机の下に戻しているか	使い出しっぱなしで机が雑然としている		いすが机の下にあったりなかったりしている		いすを使用後きちんと机の下に入れてある	・いすが汚れていないか	・作業規律を守る	
	[会議室・応接室] 部屋は汚れていないか	使いっぱなしで、汚れていて恥ずかしい		一応片付けてあるが雑然としている		いつも使用後きちんと整理されてある	・たばこの煙などの換気・いす・テーブル・額の位置ずれ	・チェックシートをつくりチェックする	
	ガラスなどに張り紙がされていないか	ペタペタ張り紙がしてある		張り紙はしてあるが、ルールはある		いつもガラスは磨かれてきれいである	・ガラスのセロテープの跡、汚れ、画鋲、破れ、汚れ、セロテープを剥がした後のカス	・掲示物の掲示基準をつくり守る	
	掲示物は美しく掲示されているか	適当に張っている箇所に掲示している		一応は水平、直角掲示しているが汚れがめだつ		いつも基準を守ってきちんと掲示している	・汚れ、張り方（直線、直角掲示）、画鋲、破れ・汚れ、セロテープを剥がした後のカス	・掲示物の掲示基準をつくり守る	

1. チェックシートのつくり方と参考例

表4.12 清潔のチェックシート（その2）

新5S [清潔] チェックシート

区分	清潔 (2)							
場所	●事務所／会議室／応接室／給湯室／更衣室／トイレ／喫煙所／社員食堂／玄関／構内他						月／日（曜） チェック者	月　日（　）

No.	チェック項目	評価レベル					チェック箇所	対策・アドバイス
		1点	2点	3点	4点	5点		
	[給湯室] 流し台、食器棚は汚れていないか	ごみやほこりで汚れていて不潔である		きれいだったり汚かったりばらつきが大きい		非常によく手入れされていて清潔である	・湯の保温でムダな電気・ガスを使っていないか	・清潔かどうかのチェックシートをつくり、みんなでチェックして改善する
	茶碗、コーヒーカップ類は片付けられているか	使いっぱなしで不衛生である		一応は片付けてあるが乱れている		いつも整頓され並べられている	・茶しぶ、茶碗、コーヒーカップの底	・茶碗、コーヒーカップ、グラスなどを置く位置を決め表示する
	茶がら、生ごみはないか	使いっぱなしで片付けていない		部分的に残っている		いつも清潔感が伝わってくる	・生ごみの異臭 ・布きんは清潔か	・生ごみの処理の仕方のマニュアルを作成し、実践する
	流し台や床は汚れていたり拭いていたりしないか	放置したままである		拭いているが汚れが残っている		いつも清潔である	・ごみ箱の中 ・ぞうきん、バケツ、モップ	・掃除道具を整える
	[更衣室] ロッカーのすみのこの下にごみが落ちていないか	掃除しないのでごみも落ちている		ときどきごみが落ちている		毎日掃除し清潔である	・すみの汚れ	・清掃基準をつくる
	ロッカーは汚れていないか	ロッカーの上にたくさん「モノ」がある		ロッカーはきれいだが周囲が汚れている		いつもロッカーはごみもなく美しい	・ロッカーの上の物品、ロッカーの周囲、ロッカーの中の不用品	・私物でも不用なものは置かないよう申し合わせ ・自分で定期的に掃除する
	[トイレ] 洗面台で水が飛び散っていないか	飛び散った水で非常に汚い		洗面台の半分くらいが水で汚れている		水が拭きとられていてきれい	・洗面台の汚れもチェックする ・右ふきんがあるかチェックする	・洗面台にぞうきんを置く位置を決め、水を拭いたら元に戻す
	衛生的か	非常に不衛生である		掃除されているが不十分である		いつも花もあり清潔	・ぞうきん、たばこの吸殻の放置	・各人が責任をもち、汚したら自分で処理する
	トイレの便器はきれいか、床に紙切れは落ちていないか	便器に飛びちりがある。また、紙切れで汚れ、色していろ		便器は汚れていないが床がかすか		便器がピカピカで床もきれい 臭いがない	・便器の見えない箇所の汚れ ・トイレットペーパーの在庫の仕方	・6か月に1回くらい、トイレ掃除をする
	[喫煙所] 紙コップやたばこの吸殻で汚れていないか	使いっぱなしである		部分的に汚れている		いつも片付けられている	・灰皿、自動販売機、紙コップ、ごみ箱 ・テーブル、いす	・憩いの場にするため、関係者で話し合ってルールを決める

表4.13 清潔のチェックシート（その3）

新5S [清潔] チェックシート

区分	場所	No.	チェック項目	評価レベル 1点	2点	3点	4点	5点	チェック箇所	対策・アドバイス
清潔(3)	●事務所/会議室/応接室/給湯室/更衣室/トイレ/喫煙所/社員食堂/玄関/構内他		[社員食堂] 食器類は清潔か	汚れていて不衛生である		汚れはないが時折欠けている		いつもきれいで清潔である	・食器、はしたての中、はし、スプーン、フォークのよごれ・口紅のあと・茶しぶの付着	食器の置き場所を決めそこに置く
			ウィンドー（見本）はきれいか	変色していて見る気がしない		汚れをふかずに出してあるだけである		いつもきれいで食欲がわく	・サンプルの管理の仕方・経年変化によるサンプルの汚れ、変色	意見箱を設けメモ用紙を描き、いつでも投書する
			調味料はそろっているか、使えるか	あったり、なかったり、また胡椒の味がない		調味料が所定の場所にない		いつも所定の場所にあり、使える	・調味料の器の穴のつまり汚れ、味はよいか・しょう油とソースの区別の表示	調味料の置き台に絵を描き、ないかすぐ分かるようにする
			自動販売機は清潔か	掃除しないのでほこりが堆積もって不潔そのものである		自販機まわりだけが汚れている		いつも手入れされ清潔である	・食べ残しの食器散乱・ごみ箱の状態	役割・分担を決め定期的に手入れする／外部の業者又は販売業者に清掃を委託する
			食器を灰皿代わりにしていないか	いつも大勢の人がしている		灰皿がないときは食器を代用している		いつも灰皿を正しく使用している	・灰皿の数、配置の状態又は使い方	チェックシートで灰皿の数を決める／灰皿の置き場を決める
			たばこの煙の換気はよいか	換気せず非常に空気が悪い		完全には換気されていない		いつも換気してクリーンである	・換気の状態・換気扇の汚れ、破損	喫煙中は換気をするよう関係者と取り決め実行する
			テーブル、いすは正常な位置にあるか	放置され乱れている		部分的に汚れている		いつも正しい位置に整頓されている	・ガタや破損	ペンキや粘着力の強いシールを張り位置決めをする／異常が見分かる
			[玄関] 受付は清潔感を感じるか	不潔で全く感じない		清潔というほどでない		いつも清潔と感じている	・カウンターの上のほこり、生花の位置・掲示物の汚れや傾き・受付の応対	時折、モニターを設けアンケートをとり、清潔度を評価する
			玄関のガラス窓や枠はきれいか	非常に汚れている		拭いている程度		ピカピカに磨かれている	・ドアの取っ手、引き戸の手あかの汚れ・観葉植物の塵り具合・ガラス枠戸の汚れ	毎日ドアは磨き、取っ手は除菌する基準をつくり実行する
			[構内] 構内の区画線消えたり剥がれたりしていないか	白線が消えてボロボロである		少し汚れている／剥がれている		いつも補修されていてはっきりしている	・区画線、仕切線の汚れ・床のペンキの剥がれ	区画線・仕切線は消えないよう申し合わせをする／剥がれを見つけた人が責任者に教える／床は計画を立てペンキ塗りをする

月／日（曜）　　　　チェック者

2. 新5S評価レベルの考え方と仕方

何ごとをするにしても経費がかかる．その経費に見合った効果を上げているか，いないかをチェックして評価することが大切なことである．

2.1 評価レベルの考え方

新5Sの評価をしやすく，かつ評価点（得点）の"ばらつき"を小さくするため，チェック項目の一つひとつに目安としての評価レベルをつくり評価する．これはステップ・バイ・ステップ（一歩一歩）で評価レベルの評価点を上げ，新5S活動の内容をよくするためのものである．

評価レベルの考え方はいろいろある．

(1) 5点評価とは

5点評価は，新5Sの実態について1点から5点まで五つの評価レベルをつくって評価する方法で，表4.14は一般的な5点評価の例である．

表4.14 5点評価レベルの例

	評価レベル				
	1点	2点	3点	4点	5点
A社	できていない	任意に決める	許容できるレベル（一般のレベル）	任意に決める	これからのあるべき姿になっている
B社	5S活動以前のレベル	いま一歩のレベル	合格のレベル	よいレベル	トップレベル
C社	極めて劣る	やや劣る	普通	ややよい	非常によい

第 4 章 間接部門の新 5S チェックシート

表 4.15 5 点評価の集計表（例）

5 点評価（1 点〜5 点）チェックシートの集計表（例）

年月日　　　　　
職　場　　　　　
リーダー　　　　

新5S区分	チェック項目	評価レベル 良い 5 点⇔悪い 1 点 評価者					計	計算式
		A	B	C	D	E		
躾	①挨拶はしているか	4	4	3	4	5	20	躾の平均評価点
	②決められた服装（服, 帽子, 名札）をしているか	5	4	5	5	5	24	評価点合計＝95
	③離席時は行き先を伝えているか	3	3	3	3	3	15	5人×5点満点 25
	④喫煙所以外で喫煙していないか	5	5	5	4	5	24	＝3.80（点）
	⑤傘は巻いて傘立てに入れているか	2	2	3	2	3	12	計95
整理	①机上や周辺に書類を山積みしていないか	3	2	2	2	3	12	整理の平均評価点
	②机の下に「モノ」を置いていないか	3	3	3	3	3	15	$\frac{89}{25}=3.56$
	③灰皿の吸殻は捨てられているか	5	5	5	5	5	25	
	④ごみの分別は守られているか	3	4	3	4	5	19	
	⑤自動販売機の周辺に使用済みのコップはないか	3	5	3	4	3	18	計89
整頓	①玄関に不要な「モノ」を置いていないか	3	3	5	3	3	17	整頓の平均評価点
	②ファイルは所定の位置に戻されているか	3	5	5	3	5	21	$\frac{87}{25}=3.48$
	③共有品は所定の場所に戻されているか	4	3	3	4	5	19	
	④白板, 黒板に不要なマーカーやチョークを置いていないか	3	3	3	3	3	15	
	⑤本棚, ロッカーなどの上に「モノ」を置いていないか	3	3	3	3	3	15	計87
清掃	①パソコンはじめOA機器は汚れていないか	3	2	3	3	2	13	清掃の平均評価点
	②机, 脇机, キャビネットなどが汚れていないか	3	3	3	3	3	15	$\frac{83}{25}=3.32$
	③水洗トイレは臭くないか	5	4	4	4	4	21	
	④トイレの洗面台は水が飛び散っていないか	5	4	4	3	3	19	
	⑤掃除道具は所定の場所に戻されているか	3	3	3	3	3	15	計83
清潔	①玄関や事務所のガラス窓, 桟, 鏡は汚れていないか	3	3	3	3	3	15	清潔の平均評価点
	②給湯室の流し台, 食器, 食器棚は汚れていないか	3	4	3	3	3	16	$\frac{78}{25}=3.12$
	③トイレの便器は汚れていないか. 床に紙切れが落ちていないか	3	3	3	3	3	15	
	④カードケース（クリアケース）は汚れていないか	2	3	4	3	2	14	
	⑤喫煙所のたばこの吸殻はきれいに処理されているか	3	3	3	4	5	18	計78
	合計	87	86	87	84	88	432	←評価点合計
	評価者個人の平均点	3.48	3.44	3.48	3.36	3.52	3.46	←評価者全員の平均値

$$全体の平均評価点 = \frac{評価点合計}{評価者数 \times チェック項目数}$$

$$= \frac{432}{125} \fallingdotseq 3.46$$

$$全体の達成率(\%) = \frac{評価点合計}{評価者数 \times 最高評価点(5点) \times チェック項目数} \times 100$$

$$= \frac{432}{5 \times 5 \times 25} \times 100 \fallingdotseq 69.0\%$$

(2) 3点評価とは

3点評価は，新5Sの実態について1点から5点まで三つの評価レベルをつくり評価する方法である．

例　　　　　　　　　　（点）　　　○△×で表す仕方もある
　　　　　　　不満　　　1　　→　　○
　　どちらともいえない　　2　　→　　△
　　　　　　　満足　　　3　　→　　×

表4.16に3点評価チェックシートの例を示す．

(3) 2点評価とは

2点評価は，二つのうち該当する方にチェックする方法である．

チェック記号は，○と×，YESとNO，OKとNG，良いと悪い，合と否，はいといいえ，0と1などで表す．表4.17に2点評価チェックシートの例を示す．

(4) 1点チェックとは

1点チェックは「モノ」づくりの現場，サービス，安全・衛生の分野で広く用いられている．

1点チェックは，チェック項目を確認するとき✓や○印で表す仕方が多い(2.2.3　2点評価，1点チェックの集計参照)．

例1　退社するときのチェックシートの例（表4.18）
　OA機器の電源は切ったか
　　→　切ってあれば✓，もし切っていなければ切る．
　ガスの元栓は閉めたか
　　→　もし，閉めていなければ閉める（指差喚呼も効果的）．

例2　駅のトイレの巡回チェックシートの例（表4.19）．

第4章　間接部門の新5Sチェックシート

表4.16　3点評価の集計表（例）

3点評価（1点, 2点, 3点）チェックシートの集計表（例）

年月日＿＿＿＿＿
職　場＿＿＿＿＿
リーダー＿＿＿＿

No.	チェック項目 （整理・整頓の例）	評価レベル 良い5点⇔悪い1点 評価者					計	チェック項目 それぞれの 平均値 （点）
		A	B	C	D	E		
1	いすに衣類を掛けていないか	2	3	1	3	1	10	$\dfrac{10}{5}=2.0$
2	いすに書類や衣服を置いていないか	3	3	2	3	2	13	$\dfrac{13}{5}=2.6$
3	離席している人の行き先は分かるか	3	2	3	2	3	13	$\dfrac{13}{5}=2.6$
4	離席時，いすを机の下に戻しているか	1	2	3	2	3	11	$\dfrac{11}{5}=2.2$
5	共有で使う文房具を元に戻しているか	3	2	3	2	3	13	$\dfrac{13}{5}=2.6$
6	机の下，周りに「モノ」を置いていないか	2	2	1	2	3	10	$\dfrac{10}{5}=2.0$
7	ごみ箱は所定の位置に置いているか	3	3	2	3	3	14	$\dfrac{14}{5}=2.8$
8	ごみ箱がいっぱいになっていないか	2	3	2	2	3	12	$\dfrac{12}{5}=2.4$
9	ミスコピー用紙は決められた箱（袋）に入れているか	3	3	3	2	2	13	$\dfrac{13}{5}=2.6$
10	消火器や消火栓の前に「モノ」を置いていないか	2	3	3	3	3	14	$\dfrac{14}{5}=2.8$
	合計	24	26	22	25	26	123	←評価点合計
	評価者個人の平均点	2.4	2.6	2.2	2.5	2.6	2.46	←全員（5人）の平均評価点

$$全体の平均評価点 = \frac{評価点合計}{評価者数 \times チェック項目数}$$

$$= \frac{123}{5 \times 10} = 2.46$$

$$全体の達成率(\%) = \frac{評価点合計}{評価者数 \times 最高評価点(3点) \times チェック項目数} \times 100$$

$$= \frac{123}{5 \times 3 \times 10} \times 100 = 82.0\%$$

2. 新5S評価レベルの考え方と仕方

表 4.17　2点評価チェックシートの例

2点評価チェックシート

年月日 _____
職　場 _____
担当者 _____

新5S区分	点検項目	YES	NO	備考
躾	①挨拶はしている	✓		
	②身だしなみはよい	✓		
	③姿勢，態度はよい	✓		
	④お辞儀はしている	✓		
	⑤言葉づかいはよい		✓	
整理	①机上や周りはきれい		✓	
	②事務所に不用な「モノ」は置いていない		✓	
	③机上にペットボトルなどを置いていない		✓	
	④デスクマットの下に「モノ」を置いていない		✓	
	⑤ごみは分別している	✓		
整頓	①棚にファイルは正しく並べられている	✓		
	②机は正しく並べられている	✓		
	③消火器，消火栓の前に「モノ」は置いていない	✓		
	④掲示板に用済みの張り紙はしていない		✓	
	⑤壁のいたるところに張り紙はしていない		✓	
清掃	①机上や周りは拭き掃除されてきれい		✓	
	②事務所の床は「モノ」が置いてなくてきれい		✓	
	③OA機器は手入れされてきれい	✓		
	④ガラス窓，桟や鏡は磨かれてきれい		✓	
	⑤床が掃除されてきれい		✓	
清潔	①事務所は整理・整頓・清掃がされてきれい		✓	
	②ガラスには張り紙がなくきれい		✓	
	③社員食堂はきれい	✓		
	④給湯室はきれい	✓		
	⑤トイレや洗面所はきれい	✓		
	合計	12	13	YES 48.0%　NO 52.0%

所感　○「整理，清掃がよくない」の改善をする．

$$\text{YES} = \frac{12}{25} \times 100 = 48.0\%$$

$$\text{NO} = \frac{13}{25} \times 100 = 52.0\%$$

評価：5点法の1点〜2点はNO，3点〜5点はYESとする

第4章　間接部門の新5Sチェックシート

表 4.18　1点チェックシートの例（その1）

退社するときのチェックシートの例

点検済みは✓で表す

No.	チェック項目	月/日(曜) 点検者	月/日(曜) 点検者	月/日(曜) 点検者	月/日(曜) 点検者
1	電源は切ったか	✓			
2	ガス栓は止めたか	✓			
3	水道の蛇口は締めたか	✓			
4	ストーブの火の元は止めたか	✓			
5	エアーは止めたか	✓			

表 4.19　1点チェックシートの例（その2）

駅のトイレの巡回1点チェックシートの例（男子トイレ）

日	項目 \ 時刻	8時	11時	14時	17時	20時
1	ペーパー / 便器破損・詰まり / 蛇口の水漏れ					
	連絡欄					
	捺印欄					
2	ペーパー / 便器破損・詰まり / 蛇口の水漏れ					
	連絡欄					
	捺印欄					
30	ペーパー / 便器破損・詰まり / 蛇口の水漏れ					
	連絡欄					
	捺印欄					
31	ペーパー / 便器破損・詰まり / 蛇口の水漏れ					
	連絡欄					
	捺印欄					

・トイレットペーパー点検時，異常がなければ✓印をする．異常があれば×印をする．
・トイレットペーパーを補充したときは個数を記入する．
・便器の破損，詰まりや蛇口の水漏れがなければ✓印をする．異常があれば×印をする．
・異常があれば責任者に連絡する．
・巡回者は捺印又はサインする．

2.2 評価の仕方

共通事項
- チェックはスナップ（見た瞬間）観察を基本とし評価する．
- 固定観念で評価しない．客観的に評価する．

(1) 5点評価の集計
- チェック対象が時系列的に変化する場合は，スナップ観察か，区間（例えば1日）を設けて観察し，平均値で評価する．検討の場合はデータ"ばらつき"を考慮する．
- チェック項目が消火器の標示のところに消火器が置いてあるかないかという場合は，置き方，手入れの状況も含めて評価する．例えば，消火器がないは1点，置いたは2点として，3～5点は汚れや封印がとれていないかも含めて評価する．
- 事務所全体をチェックする場合は，ランダムな時刻にチェックして平均値で評価する．検討するときは評価点の"ばらつき"を考慮する．表4.15は，評価者5名（A, B, C, D, E）の各人が躾・整理・整頓・清掃・清潔について5点評価した値を集計した例である．

(2) 3点評価の集計
表4.16は，評価者5名（A, B, C, D, E）の各人が整理・整頓について3点評価した値を集計した例である．

(3) 2点評価，1点チェックの集計
① 2点評価の集計

表4.17は，評価者1名が躾・整理・整頓・清掃・清潔について評価した値を集計した例である．評価者が複数の場合もYES, NOどちらかにチェック（✓）して集計する．

② 1点チェックの集計

例1　退社するときのチェックシート（表4.18）．OA機器の電源は切ったか．切ってあれば✓，切っていなければ切る．ガスの元栓は閉めたか．閉めていなければ閉める．切っていない，閉めていないときは記録を残す．

例2　駅のトイレの巡回チェックシート（表4.19）．お客様へのサービスの努力がうかがえる．

なお，2点評価は簡単であるが，評価レベルが二つしかないので5点評価レベルに比べ抽象的になる．チェックは3現主義で必ず現場で行うこと，また1点チェックも必ず現場で確認してチェックする．絶対，現場で確認しないで想像でチェックしてはならない．

2.3 評価の「ばらつき」

新5S委員（新5S世話人）や安全衛生委員が採点した評価点の"ばらつき"については話し合って調整する．評価点は，評価者の感性によって"ばらつき"が生じるが，上級の役職者だから，年輩者だから，感性がよいとは限らない．

このような"ばらつき"を小さくする方法として，一般的に次のような方法がある．

① 評価点が最も高い（max）評価者，評価点が最も低い（min）評価者の考え方を整合する．
② 社外のきれいな会社を見学し，評価者の感性を磨く．
③ 評価点のmaxとminを除いた平均点（トリム平均という）で評価する．

なお，5点評価は，3点評価よりデータの数が多いので，3点評価より"ばらつき"は小さくなる．通常評価レベルは5点評価が多い．

2.4 評価の整理（新5Sレーダーチャートのつくり方）

チェック項目などで評価した結果の整理方法の一つに，レーダーチャートがある．レーダーチャートは新5Sの状態が一目で分かり，総合的に評価できるよさがあるので，そのつくり方を紹介する．

① チェック項目の評価点（評価得点）を整理する
   5点評価の場合（表4.20参照）
② 任意の円を描く
③ 円の中心から真上に直線（基線(きせん)という）を引く
④ 分度器で角度をとり5本の軸をつくる
   ・基線を基に72度ずつ円周を区切る
   ・5本の軸に新5Sの項目と目盛りを入れる
⑤ 評価点をプロット（打点）する
⑥ 各軸の点を太い実線で結びレーダーチャートを描く
⑦ 図形をチェックする
   ・新5Sのそれぞれの平均評価点を確かめる
   ・各項目の評価点を比べる
   ・前回の評価点があれば比べる
   ・新5S全体の達成率は次式により求める

   （100点法）

$$達成率 = \frac{\overset{評価点合計}{\downarrow}}{\underset{\underset{総評価項目数}{\uparrow}}{5} \times \underset{\underset{満点}{\uparrow}}{5} \times \underset{\underset{評価した人数}{\uparrow}}{5}} \times 100 = 53.6\%$$

⑧ 改善する
   ・各項目の評価点を比較検討して改善する
   ・次回の計画の中に組み入れる

第4章 間接部門の新5Sチェックシート

表4.20 チェック表の評価点

No.	新5S (評価項目)	評価した人					合計	平均評価点	注意事項
		Aさん	Bさん	Cさん	Dさん	Eさん			
1	躾	(点)2	(点)2	(点)2	(点)3	(点)3	(点)12	(点)$\bar{X}$=12/5=2.4	●縦と横の数値の合計が一致しているか確かめる.
2	整理	3	3	5	3	4	18	$\bar{X}$=18/5=3.6	備考 平均は公平さをねらって評価した人の最大値と最小値を除き,残った数値の平均値を取ることがある.
3	整頓	2	3	3	3	4	15	$\bar{X}$=15/5=3.0	
4	清掃	2	3	3	3	4	15	$\bar{X}$=15/5=3.0	
5	清潔	2	2	3	4	3	14	$\bar{X}$=14/5=2.8	
	合計	11	13	16	16	18	74	$\bar{\bar{X}}$=2.96	

($\bar{X}$:平均値, $\bar{\bar{X}}$:総平均値)

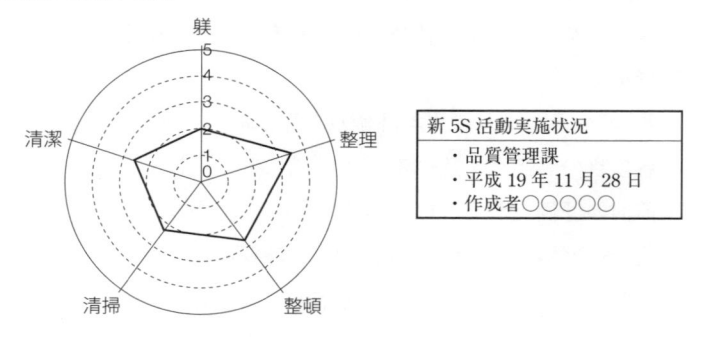

新5S活動実施状況
・品質管理課
・平成19年11月28日
・作成者○○○○○

〈つくり方のポイント〉
・項目は基線上に躾,整理,整頓,清掃,清潔の順で書く.
・評価目盛りは中心から外に向かって良い評価点にする.
・グラフには必要事項を書く.
　i) 題名
　ii) 部署名
　iii) 場所
　iv) 作成年月日
　v) 作成者など
・角度は360度/5 = 72度
・目盛りは軸の両側に書く.
・目盛りは同心円を書くと見やすい.
・前回の分は点線,破線,一点鎖線で書く.

2.5 評価の整理（Excel による新 5S レーダーチャートのつくり方マニュアル）

次に評価の整理に時間をかけないようにするため，Excel[*]を用いた新 5S レーダーチャートのつくり方マニュアルとレーダーチャートの描き方を紹介する．新 5S 活動の目的は，人づくりとムダを省いて利益向上に貢献することであるので，新 5S 活動のための活動にならないよう気をつけなければならない．

チェックシート　　　　　　　　　　　　　　　　　　　　　column

　チェックシートは，すべての必要な項目，図等が前もって印刷された用紙で，テスト記録，検査結果，作業の点検結果が簡単にチェックマーク（✓，正など）で記録できるようにしてあるもの．

　その目的によって，①整理・整頓点検用，②安全作業点検用，③不良要因調査表，④ムダ・ムリ・ムラ調査表，⑤点検結果確認用，⑥その他に分類できる．また，⑤はチェックリストとも呼ばれる．

---

[*] Excel（エクセル）とは，表計算ソフトと言われるコンピュータソフトウェアで，計算，グラフ作成，検索などをする．

192　第 4 章　間接部門の新 5S チェックシート

表 4.21　新 5S レーダーチャートのつくり方マニュアル

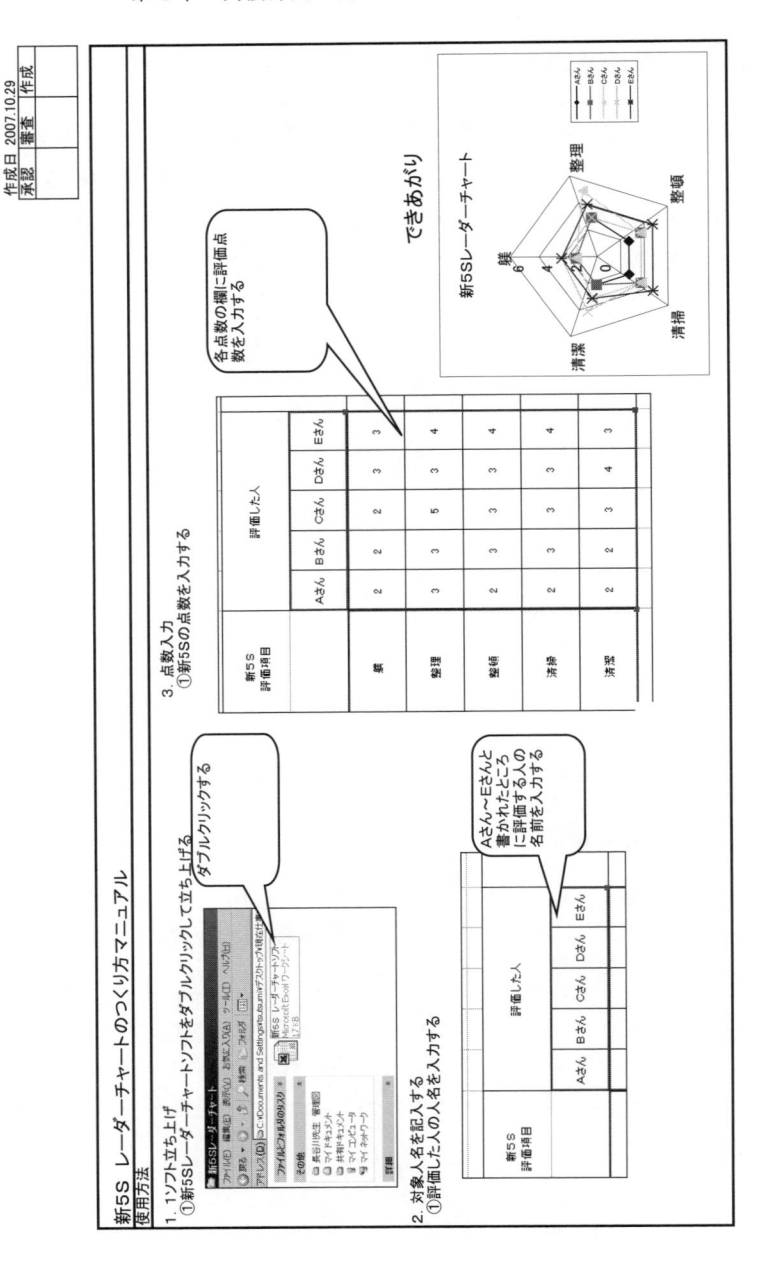

作成日 2007.10.29

承認	審査	作成

新5S レーダーチャートのつくり方マニュアル

使用方法

1. ソフト立ち上げ
① 新5Sレーダーチャートソフトをダブルクリックして立ち上げる

（ダブルクリックする）

2. 対象人名を記入する
① 評価したい人の人名を入力する

新5S 評価項目	評価した人				
	Aさん	Bさん	Cさん	Dさん	Eさん

（Aさん～Eさんと書かれたところに評価する人の名前を入力する）

3. 点数入力
① 新5Sの点数を入力する

新5S 評価項目	評価した人				
	Aさん	Bさん	Cさん	Dさん	Eさん
躾	2	2	2	3	3
整理	3	3	5	3	4
整頓	2	3	3	3	4
清潔	2	2	3	2	3
清掃	2	3	3	4	3

（各点数の欄に評価点数を入力する）

できあがり

新5Sレーダーチャート
（整理・整頓・清掃・清潔・躾）

2. 新5S評価レベルの考え方と仕方

新5Sレーダーチャート

作成日
作成者

表4.22 評価点を求める表

NO.	新5S 評価項目	評価した人					合計	平均 評価点	注意事項
		Aさん	Bさん	Cさん	Dさん	Eさん			
1	躾	2	2	2	3	3	12	2.4	
2	整理	3	3	5	3	4	18	3.6	
3	整頓	2	3	3	3	4	15	3.0	
4	清掃	2	2	3	4	4	15	3.0	
5	清潔	2	2	3	3	3	14	2.8	

第5章

間接部門の
新5S活動事例

196　　　　　第 5 章　間接部門の新 5S 活動事例

　新 5S 活動の仕方は多様である［参考文献 6）第 5 章儲ける新 5S 活動の進め方参照］．

　この章では，新 5S チェックシートを用いる仕方，小集団活動による仕方，改善提案活動による仕方について述べる．

　なお，直接部門の現場事務所をはじめ，非製造業の間接・直接部門及び自治体の事務所にも適用できるようになっている．

1. 新 5S チェックシート

　この仕方については，第 4 章間接部門の新 5S チェックシート（p.163）を参照されたい．

2. 小集団活動

　問題解決手法の一つに小集団活動がある．小集団活動とは，同じ職場，同じ仕事をしている人でサークルをつくり，改善するテーマを選び，目標値を決め，達成する期限を決める．みんなで創意工夫して改善し問題を解決する手法である．小集団活動にも QC サークル活動[*1]，JK 活動[*2]，ZD 運動[*3] とかいろいろな仕方がある．新 5S 活動では，QC サークル活動で実施している QC ストーリーに準じて改善を行うことにしている．

　QC ストーリー[*4] の基本ステップは，次の八つのステップで構成されている．ここでは基本ステップと問題解決の手順を紹介する．詳しくは専門書を参考されたい．

[*1] QC サークル活動とは，同じ職場内で品質管理活動を自主的に行う小グループのこと．
[*2] JK 活動とは，自主管理活動（JISHU KANRI KATSUDO）のことで，仕方は QC サークル活動と同じである．
[*3] ZD 運動（Zero-Defects Movement）とは，欠点をゼロにしようという小グループ活動のこと．
[*4] QC ストーリー（QC-story）とは，QC 的問題解決技法のこと．

基本ステップ （QCストーリー）	問題解決の手順
1. テーマ	①職場の問題点の洗い出し ②問題点を絞り込みテーマを決める
2. テーマ選定理由	①なぜこのテーマを選んだかまとめる． ②活動計画をたてる．
3. 現状把握	①3現主義で正しく現状を把握する． ②目標値を決める
4. 原因解析	①QC七つ道具[*1]を使い原因をあげる． ②取り上げた原因の中より原因を絞り込む． ③取り上げた原因が真の原因かデータをとり検証する．
5. 対策	①対策立案：原因と対策の関連を考える． ②対策の実施：役割分担して改善を実施する．
6. 効果の把握	効果のチェック：目標値と実績の差をチェックする．
7. 歯止め	①標準化：成果が後戻りしないように5W1Hで標準化する． ②歯止めの確認：日常の管理体制に組み込む
8. 反省	①活動の反省：問題解決のステップごとに活動状況を確認する． ②今後の計画：得られた効果を維持管理するとともに次の問題を検討する．

実施例

次に，小集団活動の事例として，ある身体障害者療護施設[*2]のQCサークル活動発表会の優秀事例を紹介する．

[*1] QC七つ道具とは，「真実に基づく管理」を具現化する基礎的手法のことで，層別，チェックシート，ヒストグラム，パレート図，特性要因図(魚の骨)，グラフ／管理図をいう．
[*2] 社会福祉法人全国協議会／日本福祉施設士会ではQCサークル活動を全国的に展開している．

第5章 間接部門の新5S活動事例

図 5.1

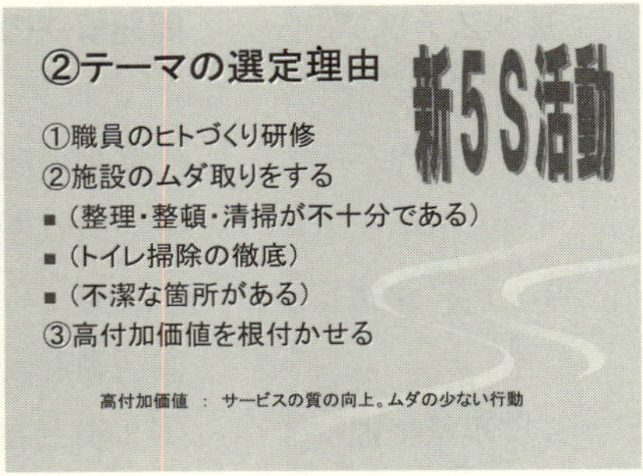

富田林苑における
新5S活動への取り組み

身体障害者療護施設
四天王寺悲田富田林苑

新5Sサークル : はたプロ

図 5.2

②テーマの選定理由

①職員のヒトづくり研修
②施設のムダ取りをする
- (整理・整頓・清掃が不十分である)
- (トイレ掃除の徹底)
- (不潔な箇所がある)
③高付加価値を根付かせる

高付加価値 : サービスの質の向上、ムダの少ない行動

図 5.3

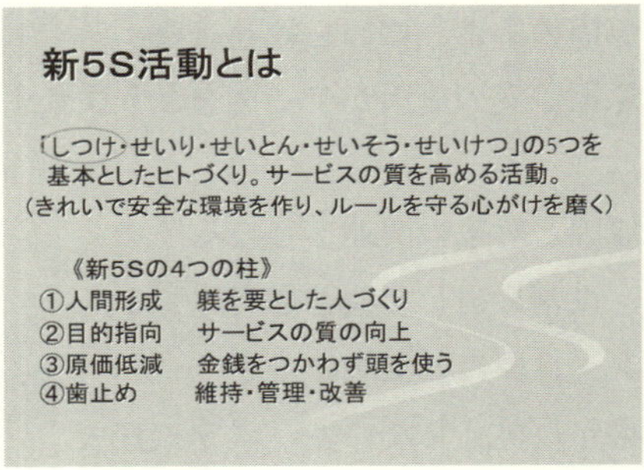

新5S活動とは

「しつけ・せいり・せいとん・せいそう・せいけつ」の5つを基本としたヒトづくり。サービスの質を高める活動。
(きれいで安全な環境を作り、ルールを守る心がけを磨く)

《新5Sの4つの柱》
①人間形成　　躾を要とした人づくり
②目的指向　　サービスの質の向上
③原価低減　　金銭をつかわず頭を使う
④歯止め　　　維持・管理・改善

図 5.4

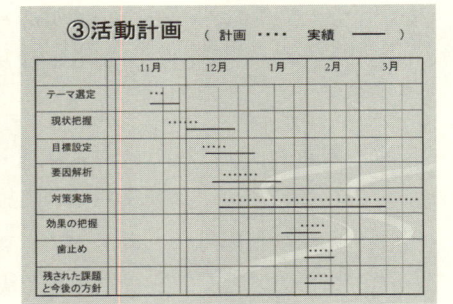

③活動計画　（計画 ‥‥　実績 ──）

	11月	12月	1月	2月	3月
テーマ選定	・・・				
現状把握	・・・・・・				
目標設定		・・・・			
要因解析		・・・・			
対策実施		・・・・・・・・・・・・・・・			
効果の把握				・・・・・	
歯止め				・・・・	
残された課題と今後の方針				・・・・	

図 5.5

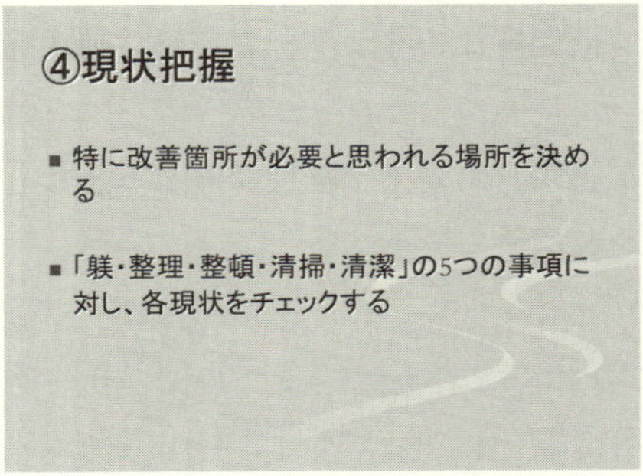

④現状把握

- 特に改善箇所が必要と思われる場所を決める
- 「躾・整理・整頓・清掃・清潔」の5つの事項に対し、各現状をチェックする

図 5.6

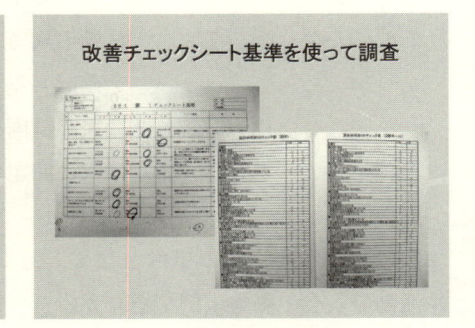

改善チェックシート基準を使って調査

2. 小集団活動

改善チェックシートの得点方法例

【 スタッフルーム 】

新5S	氏名	A.H	N.T	M.K	S.T	A.T	T.N	M.K	A.M	平均
躾	清潔な身なりをしている	3.0	2.6	2.8	2.7	3.0	3.5	3.3	3.2	3.0
整理	掲示物は整って貼っているか	2.9	2.8	2.6	2.0	2.1	2.4	2.3	2.2	2.4
整頓	どこに何があるかわかるか	2.5	2.4	2.7	2.5	2.2	2.1	2.5	2.3	2.4
清掃	机や周囲は雑然としていないか	3.1	2.5	2.4	2.1	2.3	2.7	2.6	2.5	2.5
清潔	ガラス等に張り紙がされていないか	2.3	2.6	2.0	2.1	2.2	2.5	2.1	3.0	2.3

※最大値・最小値を除いた残りの数で、平均点(トリム平均点)を求めた

図 5.7

得点の低かった箇所

■ スタッフルーム
躾:3.0 整理:2.4 整頓:2.4 清掃:2.5 清潔:2.3

■ 玄関
躾:3.1 整理:2.3 整頓:2.3 清掃:2.7 清潔:2.2

■ ホール
躾:3.1 整理:2.4 整頓:2.4 清掃:2.6 清潔:2.3

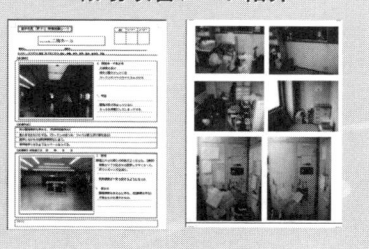

図 5.8

職場改善シート紹介

図 5.9

⑤目標設定

■ 施設の顔である、「スタッフルーム」「玄関」「ホール」を今年度の改善場所にする。

■ 新5Sの平均点を20%UPさせる！
改善チェックシートの点数を上げることで、より働きやすい職場に。

図 5.10

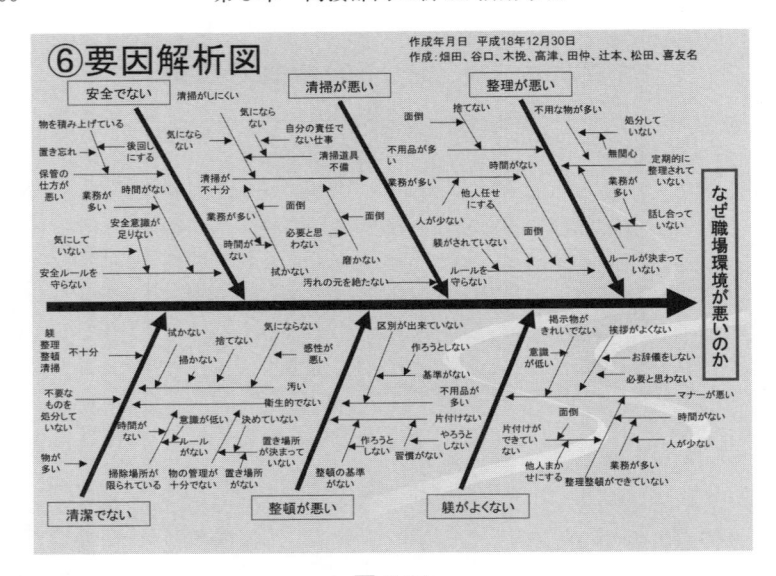

第 5 章　間接部門の新 5S 活動事例

図 5.11

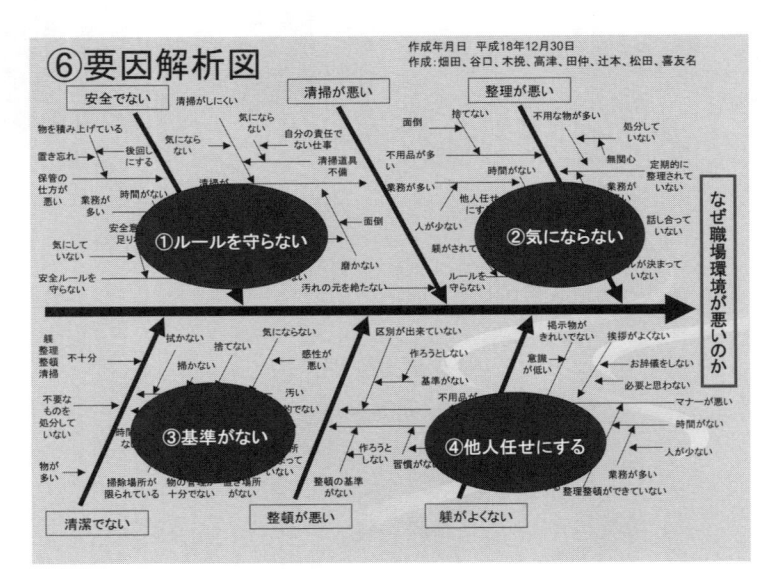

図 5.12

⑦対策立案・実施(1)

不要:現在使っていないモノ
不用:いらないモノ

対策要因	どうする	具体的方法	どこに	いつ	誰が
1:古い掲示物がそのまま貼られている	必要か不要か不用かを判断する	古くて見ていないモノは処分。他のものは更新する	スタッフルーム	1月前半	畑田 松田
2:窓ガラスが汚い	外から中が見える状態にする	窓ガラスに貼られている掲示物をなくす。窓ガラスを磨く	スタッフルーム	12月中旬	谷口 高津
3:掲示物が乱雑に貼られている	掲示物が重ならないようにし、見やすく貼る	掲示期限を決めて、整理する。不用なモノは捨て、不要なモノは片付ける	スタッフルーム	12月中	喜友名 木挽
4:モノの置き場所が決まっていない	置き場所の表示を分かりやすくする	置き場所を決め、分かりやすい表示をする	スタッフルーム 倉庫	12月中	畑田 田仲
5:書類が取りにくい箇所にある	取りやすい位置に変える	使う頻度を考えて、取りやすい場所に変更する	スタッフルーム	12月中旬	畑田 辻本
6:不用物が多い	片付ける	長い間(一年以上)使われていないものは捨てる	スタッフルーム 玄関 ホール	12月中	木挽 田仲
7:ドアの開け閉めに戸惑う	分かりやすいように表示をする	「押」・「引」の目印を施設全部のドアノブ付近に表示する	全部屋	11月下旬	谷口 松田

図 5.13

対策立案・実施(2)

対策要因	どうする	具体的方法	どこに	いつ	誰が
8:棚にモノが乱雑に置かれている	棚が見えるようにする	ムダな工数(人×時間か×頻度)を少なくする為、引き戸や扉を取り外し、中を見えるようにする	スタッフルーム	1月中	田仲 辻本
9:モノの置き方が決まっていない	モノの置き方を決める	整理整頓し、使ったら元に直すよう徹底する	スタッフルーム ホール	1月中	高津 木挽
10:モノの置き方と場所の表示が不徹底	置き場所と置き方、置く位置の基準を作る	モノの置き場所に表示をしきちんと置くように徹底する	スタッフルーム ホール	1月末	高津 木挽
11:ガラスにテープ痕が残って汚れている	きれいにする	剥離剤等でとる。ガラスに貼らない。剥がしやすいように後先考えて貼る	スタッフルーム 廊下	1月中	畑田 喜友名
12:窓ガラスに指紋や皮脂がついている	きれいにする	ガラスクリーナーやアルコール液を使いきれいに磨く	スタッフルーム 廊下	1月末～	谷口 松田
13:ホワイトボードのテープが破れている	きれいに見やすくする	テープを張替え、清潔感が出るようにする	スタッフルーム	1月中	辻本 喜友名
14:使えない電話がある	必要か不要かを考える	必要ならば修理。不要なら取り外す	スタッフルーム 廊下	1月中旬	畑田

図 5.14

対策立案・実施(3)

対策要因	どうする	具体的方法	どこに	いつ	誰が
15:掲示物がとりにくい。ピンが危ない	掲示物の止めものを変える	画鋲を使いやすい様に、押しピンに変更する	スタッフルーム	1月前半	畑田
16:窓ガラスや壁に掲示物が多い	新しい掲示板を用意する	空きスペースに新しく掲示板を追加する	スタッフルーム	1月前半	畑田
17:高い位置にモノが積んである	高い位置にモノを置かない	高い位置に置いてあるモノをなくす。安全を考える	スタッフルーム	1月中旬	喜友名 松田
18:エアコンの温度調整が難しい	温度調節できるモノをいつも付けておく	温度調節に必要なダイヤルを常に付けておく	スタッフルーム	1月中旬	谷口
19:ホワイトボードに不要物がひっつけてある	ホワイトボードにモノをひっつけない	ホワイトボードは書く場所なので、モノをひっつけない	スタッフルーム	1月中旬	高津 辻本
20:シンクの下の棚の中が整理されていない	モノを整理する	モノを出し、不要物を処分して整理する。	スタッフルーム	12月末	田仲 木挽
21:カーテンが汚れている	カーテンをきれいにする	カーテンを何回かにわけて洗う	スタッフルーム	1月末～	日用品係

図 5.15

対策立案・実施(4)

対策要因	どうする	具体的方法	どこに	いつ	誰が
22:私物が多い	私物と施設のモノとを分ける	不用なモノは持ち主に処理してもらう。私物か施設のモノか分かるように表示をする。なるべく私物は職場に持ち込まない。	スタッフルーム	12月中旬	高津 松田
23:鍵の置き位置が決まっていない	日によってバラバラである為、置く場所を決める	固定の鍵置き場を決めて表示する	スタッフルーム	1月中旬	畑田
24:内線表が古い。破れている	新しいものに変える	更新してきれいな見やすい表に変える	スタッフルーム	1月中旬	辻本
25:メモがドアにひっついている	外して扱いやすいようにする	一覧表を作り、そこに記入するようにする	スタッフルーム	1月中	小遣い金係
26:傘が散らかっている	不要な傘は置かない	不要な傘は持ち帰ってもらい、整理する	玄関	12月初旬	木挽
27:玄関に掃除道具がある	掃除道具を置かないようにする	玄関以外の場所に掃除道具を移して、玄関をきれいにする	玄関	1月初旬	田仲

図 5.16

対策立案・実施(5)

対策要因	どうする	具体的方法	どこに	いつ	誰が
28:車椅子が通路を塞いでいる	妨げになるので車椅子を移動させる	必要以上の台数が置いてあるので、台数を減らし通路を空ける。車椅子の置き場を決めて表示するが、テープで付けて剥がせるようにする	玄関	12月中旬	畑田
29:ガラス窓が開けにくい	開けやすいようにとってをつける	吸盤を窓ガラスにつけて、とって代わりにする	玄関	1月初旬	畑田
30:下駄箱が乱れている	履物の向きを使い勝手がいいように置く	履物の向きをかかとが手前になるよう統一する	玄関 下駄箱	11月中旬	喜友名 辻本
31:どこに履物を直したらいいのか分からない	分かりやすいように表示をつける	古い表示は外し、新しい表示をつける	玄関 下駄箱	12月下旬	畑田
32:誰の履物か分からない	必要か不必要か区別する	利用者のモノには名前を書き、職員のモノで不用なものは捨てる。	玄関 下駄箱	12月下旬	畑田 喜友名

図 5.17

対策立案・実施(6)

対策要因	どうする	具体的方法	どこに	いつ	誰が
33:消火器がどこにあるか分からない	消火器がどこにあるか表示をする	消火器表示板を高さ2.2mのところに設置する	廊下 ホール	1月中旬	田仲 松田
34:消火器の使用方法の説明板が破損している	修繕する	施設内の破損している説明板をチェックして手作りで全部直す	廊下 食堂 ホール	3月中	防火管理係
35:トイレが臭い	臭いをなくす	換気をこまめにする。消臭剤を置く(将来なくす)外部の専門家に教えていただき、トイレ掃除を計画的に少しずつ実施する	トイレ	1月末～3月	畑田 谷口 辻本 田仲
36:雑にモノが置いてある	分類して整理整頓する	置き場所を分かりやすく区分して表示する	トイレ	2月初旬	木挽 高津
37:トイレ壁面の張り紙を剥がした後のテープが埃をくっつけて汚い	見苦しいトイレの壁面をきれいにする	金属製のヘラ・洗剤・ナイロンたわしで拭き取る	トイレ	2月～3月	喜友名 木挽
38:ブラインドが壊れたままになっている	ブラインド以外のモノを考える	カーテンで代用する	更衣室	3月	木挽

図 5.18

第5章 間接部門の新5S活動事例

対策立案・実施(7)

対策要因	どうする	具体的方法	どこに	いつ	誰が
39: 粗大ゴミ置き場が乱れた状態になっている	きれいにする、安全な場所にする	利用者が近づくことがあるので、安全なように整理する。	ゴミ置き場	3月中	営繕係
40: カーテンが不揃いで見栄えが悪い	きれいに揃える	カーテンの色を統一するカーテンを室の高さに合わす	カーホール	2月～	日用品係
41: 使われていない机や椅子が散置してある	使い道を探す	他の施設で活用しないか尋ねる	ホール	2月～	施設長
42: パイプ椅子が無造作に置いてある	いつでも使えるように整理する	営繕係に椅子の運搬台を作ってもらう	ホール	1月末～	日用品係
43: 洗面台周辺が汚い	きれいにする。水が飛び散らないようにする	水道の蛇口から出る水の量を調節し、必要以上に飛び散らないようにする	水道	1月末	畑田 辻本

図 5.19

対策立案・実施(8)

対策要因	どうする	具体的方法	どこに	いつ	誰が
44: トイレの蛍光灯や換気扇が汚れている	汚れを拭き取る	蛍光灯や換気扇を外して汚れを拭き取る	トイレ	2月中旬～	営繕係
45: 壁に便や血がついている	磨いてとる	見つけたら、すぐに消毒液で磨いながら落とす	廊下	2月中	木挽 喜友名
46: 避難経路図が見当たらない	作成する	防火管理者に作成してもらい見やすい所に表示する	廊下	3月～	防火管理者
47: タオルを区別して置いていない	用途別にわける	タオルを色分けして使いやすくする	浴室	12月中	田仲
48: 布団乾燥機が壊れたままになっている	必要か不必要かを考える	必要ならば修理、不要また、使えなければならば廃棄する	浴室	2月～	HCS係
49: 物品が散らかっている	出ている物品を固定の場所に位置決めし表示する	出しているものを固定の場所に位置決めし表示する	浴室	1月後半	喜友名 松田
50: 入浴用の履物が散らかっている	置く場所をわかりやすくする	図面線・表示をつける	浴室	1月後半	田仲 辻本

図 5.20

図 5.21

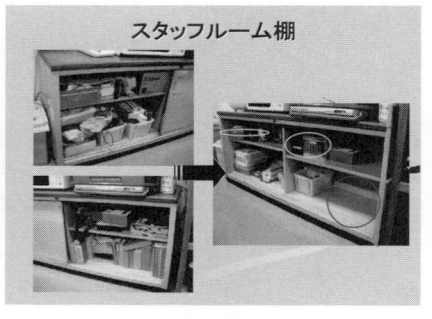

図 5.22

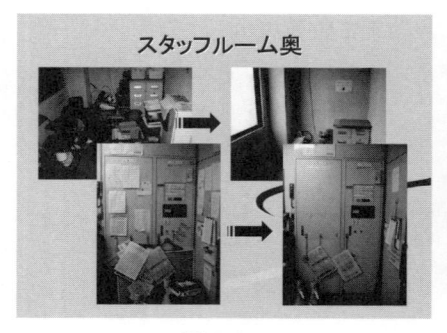

図 5.23

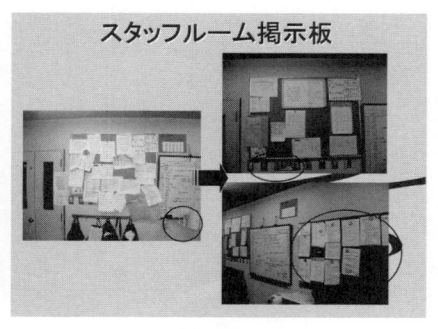

図 5.24

2. 小集団活動

図 5.25

図 5.26

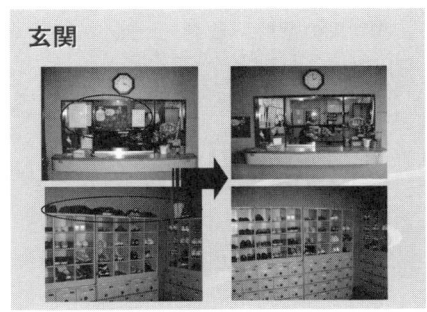

図 5.27

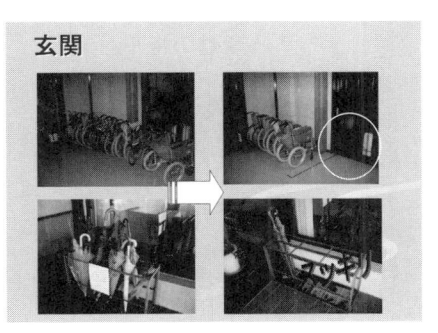

図 5.28

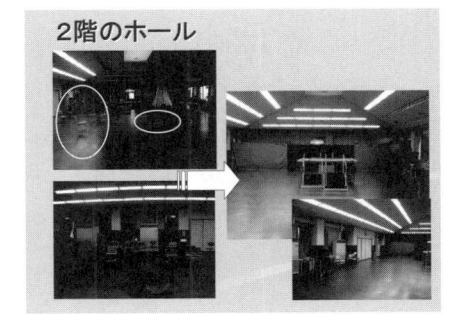

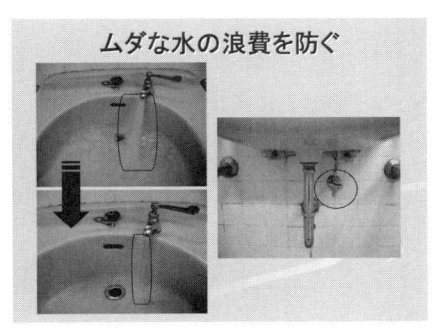

図 5.29

図 5.30

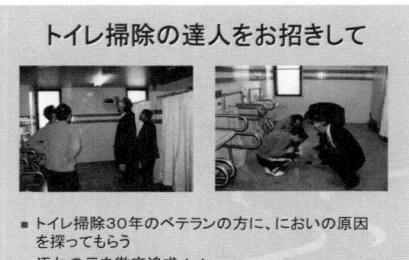

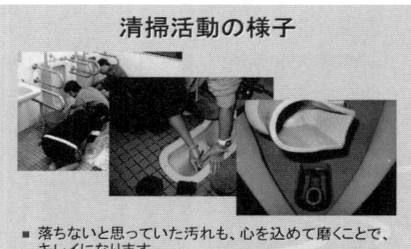

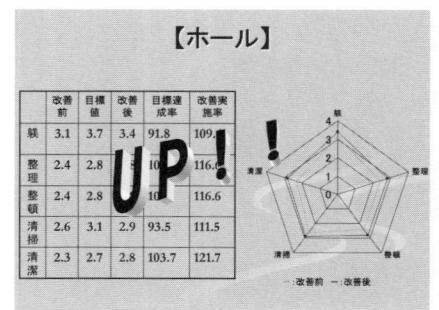

第 5 章　間接部門の新 5S 活動事例

図 5.31　トイレ掃除の達人をお招きして

図 5.32　目に届きにくい箇所の汚れ

図 5.33　清掃活動の様子

図 5.34　⑧効果の把握《改善チェックシート》【スタッフルーム】

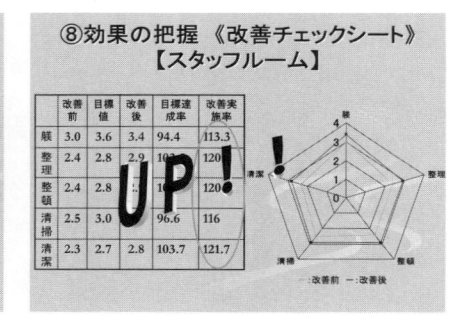

図 5.35　【ホール】

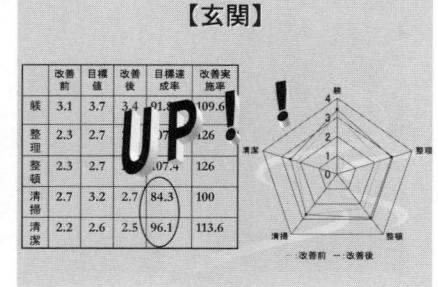

図 5.36　【玄関】

2. 小集団活動　　　　　　　　　　　205

その他の効果

【無形効果】
- 来客にとっても利用しやすい環境となった
- 職員のムダな動き（時間）が少なくなった
- 職員の作業性がよくなった
- サービスの質が上がった
- 見えないモノが見えるようになった
- パソコンの習熟度が上がった
- QC手法が分かった

【波及効果】
- 不具合点が気付くようになった
- 職員の自宅の部屋がきれいになった
- 新5S活動をする中で、個人で自己診断をした

図 5.37

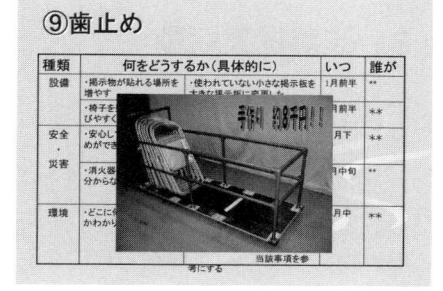

⑨歯止め

種類	何をどうするか（具体的に）	いつ	誰が
設備	・掲示物が貼れる場所を増やす	1月前半	**
	・使われていない小さな掲示板を大きな場所に併用する	1月前半	**
安全・災害	・椅子を増やす・安心しめができる	1月下	**
	・消火器が分からない	1月中旬	**
環境	・どこにかわからない	月中	**
	当該事項を参考にする		

図 5.38

種類	何をどうするか（具体的に）		いつ	誰が
標準化	・掲示物が見にくい・外しにくい	・重要なモノとそうでないモノを区別し、掲示物を少なくすると共に、マグネットを採用した	1月前半	**
	・トイレ掃除が不十分で臭いがつく	・掃除の仕方を外部の専門家に指導を受け実施・計画的に行える様マニュアルを作る	1月末～3月	**
	・玄関の車椅子が多い・通路の妨げになる	・台数を少数に限定し、区画線を引き、誰でも置き場所がわかるようにした	12月中旬	**
	・ホールの備品置き場が多く雑に置かれている	・大きいモノ・使用頻度の多いものを調べて備品置き場を決め、レイアウト図をつくる	2月以降	**
	・ホールの窓のカーテンがリサイクル品のため寸法が合わずサイズ（長すぎる）、見苦しく開け閉めしにくい	・カーテンの窓に合わせて最新し、見易さ、開け閉めし易くする	2月以降	**
	・使用後、乱れている			
	・施設には色々なマニュアル類があるが、統一されていないので使いにくい	・施設の新5Sに関係する各種マニュアルを集め、編集して使いやすくする・このマニュアルは今後の方針にする	2月以降	全員

図 5.39

⑩残された課題と今後の方針

1、課題
富田林苑が美しい施設になるためのきっかけとなったが、まだまだ改善は無限にある。
残された10数項目の改善項目を地道に進めていく。

2、方針
① 富田林苑の新5S（躾・整理・整頓・清掃・清潔）の実践マニュアルを作成する。
② 利用者満足（CS）はもちろん、職員満足（ES）の向上も目指す。
③ これからも一つ一つ計画的に改善を進めていく。

図 5.40

これからも、小さな気付きを大切にし、
改善を積み重ねていきます。

図 5.41

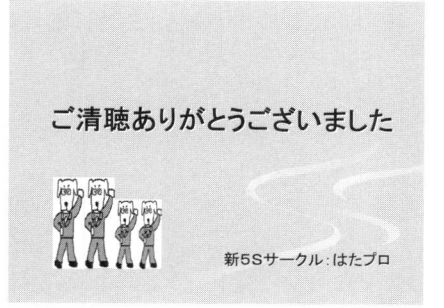

ご清聴ありがとうございました

新5Sサークル：はたプロ

図 5.42

3. 改善提案活動

　改善提案とは，従業員一人ひとりが創造力（能力）を高め，業務遂行の過程で気づいた企業の利益に貢献する改善とアイデアを提案する手段と体系をいう．すなわち，定義*を補足すれば次のようになる．

　改善提案とは，従業員が自己啓発をして一人ひとりが創造力を高め，日常，仕事をしていて気づいた原価低減（コストダウン）をはじめ，お客様に満足していただける商品・サービスの提供や，企業イメージを高め，かつ，安全で楽しく働ける企業の環境づくりに関するアイデアを提案することをいう．

　特に，整理・整頓，清掃に関する改善は，その改善策を歯止めとして維持，管理すれば，原価低減に貢献できる．

　改善提案の形式は，企業の改善提案を採用した目的によって，次の形式が用いられている．

　① 一般的な提案（アイデア提案）
　② 実施済み提案
　③ メモ提案，一口提案，電話提案
　④ ECR（Error Cause Removal）提案

　次に，実施済みの新 5S 改善提案事例を紹介する．

---

* 我が国で，改善・提案の定義については公認されたものはない．ここに示す定義は，筆者が 50 余年の実務体験をもとに 21 世紀での改善提案のあるべき姿を熟慮して提起したものである．

オズボーンのチェックリスト

column

　オズボーンのチェックリストとは，いろいろな角度からチェックして，問題点を見つけたり，アイデアの発想を刺激して改善ヒントを得る手法として用いる．いつもこの九つのチェック項目を頭に置いて訓練することが大切である．オズボーンのチェックリストは，ブレーン・ストーミング法（BS法）の発案者アレックス・F・オズボーン（Alex F. Asborn）が考案した発想の法則である．

---

① ほかに使い道はないか
　（**Put to other uses**）
　［転用］
　・現在のままで
　・少し変えて

② 色，形，動きを変えたらどうか
　（**Modify**）
　［変更］
　・新しくひねってみたらどうか
　・色，運動，音，ニオイ，形，型などを変えたらどうか
　・あるものをなくしたら，ないものをつけたら

③ 拡大したらどうか
　（**Magnify**）
　［拡大］
　・他の価値を付け加えたら
　・もっと回数を増やしたら
　・何か付け加えたら
　・もっと時間をかけたら
　・二重にしたら
　・誇張したら
　・もっと長くしたら
　・もっと強くしたら
　・もっと厚くしたら

④ 縮小したらどうか
　（**Minify**）
　［縮小］
　・何か取り除いたら
　・もっと小さくしたら
　・もっと圧縮したら
　・もっと薄くしたら
　・小型にしたら
　・短くしたら
　・軽くしたら
　・除いたら
　・分割したら
　・簡素にしたら

⑤ 代用したらどうか
　（**Substitute**）
　［代用］
　・他人を代わりにしたら
　・他のプロセスにしたら
　・他のものを代わりにしたら
　・他の動力にしたら
　・他の材料は
　・他の燃料にしたら
　・他の方法にしたら
　・他の場所にしたら
　・他のアプローチは
　・代わりのものは

⑥ 入れ替えたらどうか
　（**Rearrange**）
　［再配列］
　・他の型にしたら
　・配列を変えたら
　・速度を変えたら
　・順序を変えたら
　・日程を変えたら
　・原因と結果を入れ替えたら
　・他のレイアウトにしたら
　・要素や成分を入れ替えたら
　・ペースを変えたら

⑦ 逆にしたらどうか
　（**Reverse**）
　［逆転］
　・上と下を変えたら
　・右と左を変えたら
　・裏返しにしたら
　・立場を逆にしたら
　・反対にしたら
　・局面を逆にしたら
　・向きを逆にしたら
　・役割を逆にしたら
　・順序を逆にしたら

⑧ ほかからアイデアが借りられないか
　（**Adapt**）
　［応用］
　・これに似たものはないか
　・何かマネのできるものはないか
　・他のアイデアが借用できないか
　・過去に似たものはなかったか

⑨ 組み合わせたらどうか
　（**Combine**）
　［結合］
　・組み立てたら
　・合金にしたら
　・取り合わせたら
　・いくつかのユニットを結合したら
　・目的を組み合わせたら
　・アイデアを組み合わせたら
　・混合したら
　・抱き合わせたら

● 躾の例（その1）
件名　訪問者がすぐ分かるようにいすの後ろに名前を張る

改善前　事務所で作業しているとき，訪問者が後ろから見てだれだか分からない．
事務所のレイアウトを図5.43に示す．

改善後　作業者のいすの後ろに名前を付けるようにした（写真5.1）．訪問者が必要なときに声をかけられるので，作業者は来客の都度，後ろを気にしないで作業ができるようになった．

効　果　ちょっとしたことであるが，この"気づき"が大切なことである．訪問者が必要なときに声をかけやすくなり，多くの人に喜ばれている．

図5.43　事務所のレイアウト　　　**写真5.1**　いすの後ろに名前を張る

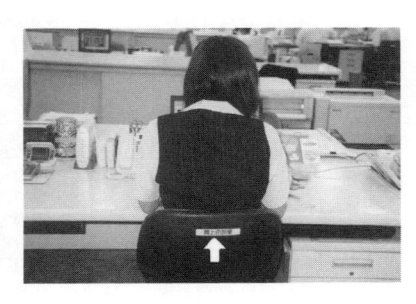

● 躾の例（その2）
件名　歓迎の看板で社外見学者に喜んでいただく

改善前　従来，社外見学者は，担当者がその都度ご案内していた．

改善後　毎月，社外見学者の訪問日，見学者ご一行のスケジュールを正面玄関に掲示し，当日は歓迎の看板を準備するよう制度化した（写真

3. 改善提案活動

効　果　社外見学者，特に外国人には大変喜ばれている．また，今までは社外見学者の訪問を一部の人しか知らなかったが，全従業員が知るようになり，気持ちよく歓迎の挨拶をするようになった．

写真 5.2　特に外国人に喜ばれる歓迎看板

● 整理の例（その1）

件名　パイプの廃材リサイクルの傘立てをつくった

改善前　従来，傘は階段の下に設置された傘立てに入れていた．傘を巻いて入れる人，巻かないでそのまま入れる人がいた．傘は巻いて入れないと，傘が広がって周りの枠をふさぐ．後から来た人は傘を入れにくいので傘立ての脇に傘を立てたり，寝かしたりする．そのため床が水に濡れ見苦しかった．

改善後　社内の廃材のパイプを使って傘入れをつくり，パイプには名字を書いて階段の横に設置した．

効　果　傘を巻かないで入れると目立つので巻いて入れる習性（クセ）が身についた．社外で傘立てに入れるときも巻いて入れるようになった（写真5.3）．

写真 5.3　廃材パイプの傘立て

◉ 整理の例（その2）

件名 不用なタイヤホイールにビニールホースを巻きつける

改 善 前　ビニールホースを使った後は床に置いていた．ホースが水とほこりで汚れて見苦しかった．

改 善 後　不用となったタイヤホイールに，ビニールホースを巻くようにした（写真 5.4）．

効　　果　作業がしやすくなり，かつ，見栄えもよい．また，タイヤホイールのリサイクルにもなった．

写真 5.4　タイヤホイールのリサイクル

◉ 整理の例（その3）

件名 ティッシュペーパーで拭いたらそのまま穴に捨てる

改 善 前　ティッシュペーパーで手を拭いたら床面のごみ箱に入れていた．ごみ箱は，洗面所の狭い床面をより狭くしていた．

改 善 後　洗面台に穴をつくり，その穴にティッシュペーパーを捨てる．洗面台下に準備されたビニール袋の入ったごみ箱で回収するようにした（写真 5.5）．

効　　果　① 床面のスペースが少しでも広く使える．
　　　　　② 手を拭いたら，すぐ捨てられる．

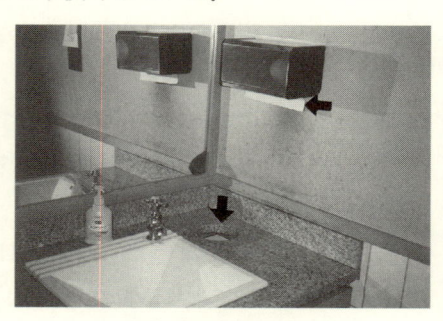

写真 5.5　ごみ入れ

備考 このアイデアは60数年前からあった．まだビニール袋はなかったが，アイデアは歳をとらない証明でもある．

● 整頓の例（その1）
件名 机上に書類を山積みにしないようデスクトレーに入れた
―帳票類，書類は仕分けしてトレーに入れる―

改善前	受領書などの伝票や書類を机の上に順番に積んでいる．多くなると崩れて床に落ちる．落ちたら拾う．順番が分からなくなる．元のようにそろえるのにムダな手間（工数）がかかっていた．
改善後	これらの伝票や書類はデスクトレーに表示して，ひとまず仕分けして保管して処理をすることにした（写真5.6）．
効果	机上の山積みの書類はなくなった．床に落ちた伝票や書類をそろえ直したり，紛失した伝票や書類を探すムダな手間が少なくなった．

写真5.6 書類を机上に置かない役目のデスクトレー

● 整頓の例（その2）
件名 書棚の上のファイルを取りやすくした

改善前	ファイルが増えて書棚の上に置いていた．ファイルを使うとき，探したり，不自然な姿勢でファイルを取り出していた（写真5.7）．
改善後	ファイルの中身を減らしファイルを再編し少なくした．不要なファイルを書庫に移した．ファイルを取るとき，自然な姿勢で取れるようになった（写真5.8）．

写真 5.7 改善前   **写真 5.8** 改善後

効　果　① ファイルを探したりするムダが省けた．
　　　　② ファイルが安全に取れるようになった．
　　　　③ 書棚の上がすっきりした．

● 整頓の例（その3）
件名　机上の不要書類を片付けた

改善前　個人の机上に不要な書類を積み重ねている．デスクトレーも使っているが，机上がその分だけ狭くなっていた．

改善後　机のそばにレターケースを置き，個人名を記入し，一時保管をすることにした．レターケースの書類は，ためないよう処理することにした．

効　果　机上が広く使え，作業がしやすくなった．事務所がきれいになった．

写真 5.9　机上に書類は個人ごとに片付ける

3. 改善提案活動

● 清掃の例（その1）
件名 棚の脚をかさ上げして掃除をしやすくした

改 善 前	棚の下と床との間隔が狭く，ほうきが入れにくいので，床の掃除がしにくかった．
改 善 後	写真 5.10 に示すように，棚の脚をかさ上げした．棚の下にほうきが入れやすくなり，掃除がしやすくなった．
効　　果	棚の下の床がきれいになった．また，掃除時間が短くなった．

写真 5.10　棚を嵩上げして掃除をしやすくした

● 清掃の例（その2）
件名 カタログに"ほこり(粉末)"が入り込まないようにカバーをした

改 善 前	薬剤（細かい粉末）を使っている職場なので，わずかではあるがカタログの中に粉末がつく．掃除するのに手間がかかっていた．
改 善 後	透明なビニルのカバーをかぶせておき，お客様が入り用のときはカバーを取り，自由に取ってもらうようにした（写真 5.11）．
効　　果	①　いつもお客様に，きれいなカタログをお渡しできる． ②　掃除にかかる手間が少なくなった．

写真 5.11　ビニルカバーをかぶせる

● 清潔の例（その 1）

件名 給湯室の食器洗いスポンジの取扱い間違いをなくした

改 善 前 給湯室のスポンジは「食器洗い」用と「流し台，灰皿洗い」用がある．給湯室は，いろいろな人が利用するので，取り間違えて使うことがあり，気持ちが悪かった．

改 善 後 給湯室のスポンジにマジックで「食器」，「流し・灰皿」と表示した．また，スポンジの色は，「食器」用は黄色，「流し・灰皿」用は緑色と色分けして，取り間違えないようにした．

　　　このほかにも区別の仕方としては，スポンジの種類（ネットクリーナーなど），大きさ，形，材質を変える方法もある．同じく「食器」を拭く布きんは黄色，そして「流し台，食器棚」用は青色，灰皿用はピンク色にすることも考えられる．

効　　果 スポンジを取り間違って使うことがなくなり，気持ちよく給湯室の清掃ができるようになった．

● 清潔の例（その 2）

件名 掃除道具（モップ）台を箱の中に入れた

改 善 前 モップは，水で濡らして床を拭いた後，モップ掛けに吊していた．しずくが床に落ちていた．

改 善 後 モップ掛けを運びやすいように，キャスター（車輪）付きの箱の中に置いた（写真 5.12）．

効　　果 モップの使用後，しずくが床に落ちなくなった．また，汚れたモップが見えないので，見苦しくない．な

写真 5.12 モップ掛け収納箱

お，モップのしずくは，ためないで廃水している．

● **安全の例**
件名　くさりで通行ストップをした

改 善 前　直線通路の出口付近をフォークリフトが左右する．フォークリフトの爪に足を引っかけ，危ないので，歩行中止になっている．正式の通路は右側に進むようになっていた（写真 5.13）．

改 善 後　1本の黄色のくさりで通らないようにストップ表示をした．
通行する人はいなくなった．
くさりは外せるように片方をフックに掛けている（写真 5.14）

効　　　果　思わぬちょっとした事故を防ぐことができた．

写真 5.13　改善前
自由に人が往来できる

写真 5.14　改善後
取り外しできるくさり

おわりに

　拙著は，平成14年（2002年），（財）日本規格協会から出版された『人づくりによる儲ける新5S実践マニュアル』の姉妹編で，製造業の間接部門を中心に，非製造業の間接部門，自治体の「事務所」にも適用できるように，新5Sを実施する場合の考え方や進め方について，述べたものです．

　間接部門での人づくりやムダ取りを実施したが，いま一つうまくいっていない製造業，非製造業も多いようです．また，自治体もしかりのようです．

　既に活発に新5S（5S）活動を実践され，「人づくり」，「モノづくり」，「サービス」で大きな成果を上げている企業もたくさんありますが，こういう活動は企業として組織的に取り組まないと，従業員レベルでは理解できても，個人では実行の成果を上げにくいと思います．まずトップが，この活動を実施する目的を明確に発表し，企業に合った"しくみ"と"しかけ"を構築し，展開していただきたいと思います．

　間接部門の新5Sを成功させる勘所は，特に指導的立場にある人のご理解と意欲，強いリーダーシップ，適時適切なるアドバイスが必須です．

　くどいようですが，新5Sは，単に職場の環境を整えるだけでなく，一人ひとりの人間形成にも通じるものです．自分自身の人生の役に立つものにしてほしいと思います．その結果として，必ずご家族の幸せ，社会秩序（マナー・モラル），企業の社会貢献の役に立つものと信じます．

　ここで述べていることはごく当たり前のことですが，この当たり前のことができないのが人間ではないでしょうか？

　本書が，ムダ取りのきっかけとなり，少しでもお役に立てればと願っています．

　なお，本書の執筆にあたりましては，川口滋氏，小林裕康氏，そして取材に際しましては，パスカル株式会社，東海神栄電子工業株式会社，株式会社初田製作所，株式会社フタガミ，ヤンマー株式会社，セイレイ工業株式会社，泉州

工業株式会社，自治体，学校のご協力をいただきました．また，出版に際しては，(財)日本規格協会の中泉純氏，須賀田健史氏，伊藤朋弘氏，(有)カイ編集舎高橋健氏に大変お世話になりました．この場をお借りして厚くお礼申し上げます．

資料提供団体（企業・自治体・学校）

(五十音順)

1) 伊野町立枝川小学校
2) 大阪 PHP 松下哲学研究会
3) 大豊町立大杉中学校
4) 高知県文具株式会社
5) 高知県立丸の内高等学校
6) 高知掃除に学ぶ会
7) 株式会社コノエ（本社）
8) 小牧市役所
9) 三晃自動車株式会社（本社）
10) 社会福祉法人四天王寺福祉事業団四天王寺悲田富田林苑
11) NPO 法人心技塾ネットワーク
12) セイレイ工業株式会社（高知）
13) 泉州工業株式会社（本社）
14) 株式会社創意社
15) 株式会社ソーエイ（本社）
16) 東海神栄電子工業株式会社（本社）
17) 東海タイヤセンター株式会社（本社）
18) トヨタ自動車株式会社
19) 株式会社中山理研（本社）
20) ニッポン高度紙工業株式会社（本社）
21) NPO 法人日本を美しくする会
22) 株式会社野田テック（本社）
23) パスカル株式会社（本社　大分）
24) 株式会社初田製作所
25) 平井国際品質研究所
26) 株式会社平野ファステック（本社）
27) 富士プラスチック株式会社（本社）
28) 株式会社フタガミ（本社）・イエローハット部
29) 株式会社松永製作所（本社）
30) 三友電装株式会社（本社）
31) 八尾四条カメラ株式会社
32) ヤンマー株式会社（永原・大森）
33) ヤンマー建機株式会社
34) ヤンマー農機株式会社（本社）
35) 株式会社ヤンマー農機東日本

参 考 文 献

1) 長谷川祐三：工場 5S 推進マニュアル，PHP 研究所
2) 長谷川祐三：5S 実践マニュアル，日本規格協会
3) 加藤允可，長谷川祐三：儲ける TPI 入門，日本規格協会
4) 石原勝吉：現場の IE テキスト　上巻，日科技連出版社
5) 長谷川祐三：新 5S—PM（テキスト），日本規格協会
6) 長谷川祐三：人づくりによる「儲ける新 5S 実践マニュアル」，日本規格協会
7) 鍵山秀三郎：掃除道，PHP 研究所
8) 長谷川祐三：儲ける改善・提案活動（テキスト），ブレーン・ダイナミックス社
9) 後藤安太郎：オリジンの技術，オリジン電気株式会社
10) 吉澤正編集委員長：クォリティマネジメント用語辞典，日本規格協会
11) 鍵山秀三郎：凡事徹底，致知出版社
12) 西尾実他編：岩波国語辞典，岩波書店
13) 長谷川祐三：マンガでわかる「5S の考え方・進め方」，PHP 研究所

著者略歴

長谷川　祐三（はせがわ　ゆうぞう）

躾（しつけ）を要とした人材育成型の新5Sを提唱．
高知県生まれ．中央大学卒業．

1944年　富士電炉工業株式会社（現オリジン電気）入社．電気機器組立，検査，品質管理，改善・提案，生産技術を担当．

1966年　三洋電機株式会社本社入社．全社ZD運動導入，全社品質管理，全社改善提案を担当．効率化推進部参事部長．

1987年　自己退職．長谷川効率経営研究所設立．新5Sを基にした人づくりと現場改善を指導．
　　　　指導会社はセイレイ工業株式会社，ヤンマー株式会社，ヤンマー建機株式会社，泉州工業株式会社，株式会社初田製作所，パスカル株式会社，カネカ株式会社，カルピス株式会社，王子製紙株式会社，王子ネピア株式会社，シルバー株式会社，セイコーエプソン株式会社ほか十数社．

主な著書　『工場5S推進マニュアル』PHP研究所
　　　　　『改善提案活動マニュアル』日本規格協会
　　　　　『人づくりによる儲ける新5S実践マニュアル』日本規格協会

心づくりによる
間接部門の新 5S 活動の進め方
―きれいで，たのしい，事務所づくり―

定価：本体 2,200 円（税別）

2008 年 4 月 17 日　第 1 版第 1 刷発行
2017 年 5 月 19 日　　　　第 5 刷発行

著　　者　長谷川　祐三
発 行 者　揖斐　敏夫
発 行 所　一般財団法人 日本規格協会
　　　　　〒108-0073　東京都港区三田 3 丁目 13-12 三田 MT ビル
　　　　　　　　　　　http://www.jsa.or.jp/
　　　　　　　　　　　振替　00160-2-195146
印 刷 所　株式会社平文社
製　　作　有限会社カイ編集舎

© Yuzo Hasegawa, 2008　　　　　　　　　　Printed in Japan
ISBN978-4-542-50429-5

● 当会発行図書，海外規格のお求めは，下記をご利用ください．
　販売サービスチーム：(03)4231-8550
　書店販売：(03)4231-8553　注文 FAX：(03)4231-8665
　JSA Web Store：http://www.webstore.jsa.or.jp/